LATIN AMERICAN VAN

LOS VANGUARDISMOS
EN LA AMÉRICA LATINA

ÓSCAR COLLAZOS

LOS VANGUARDISMOS EN LA AMÉRICA LATINA

Ediciones Península ®

BARCELONA, 1977

Cubierta de
Enric Satué

Primera edición: marzo de 1977

Realización y propiedad de esta edición
(incluido el diseño de la cubierta):
EDICIONS 62 S.|A.
Provenza 278, Barcelona - 8

Depósito legal: B. 10.752 - 1977
ISBN: 84-297-1272-0

Impreso en Conmar Color
Corominas 28, Hospitalet de Llobregat

PRÓLOGO

«*Martín Fierro* siente la necesidad imprescindible de definirse y de llamar a cuantos sean capaces de percibir que nos hallamos en presencia de una nueva sensibilidad y de una nueva comprensión, que al ponernos de acuerdo con nosotros mismos, nos descubre panoramas insospechados y nuevos medios y formas de expresión.» Así escribía Oliverio Girondo, en 1924, para el primer número de la revista ultraísta argentina. Henos ante una, seguramente, de las más fructíferas empresas del vanguardismo literario hispanoamericano gestado a partir de la segunda década del presente siglo. La palabra «vanguardismo» se referirá, en adelante, a estos movimientos o grupos, siendo necesario advertir que en otras expresiones del arte apenas si se produjeron tendencias similares, exceptuando, como se verá en uno de los textos aquí incluidos, al fenómeno «modernista» del Brasil, iniciado con la Semana de Arte Moderno de 1922.

Quizá sea casual que, en la fecha de aparición de *Martín Fierro*, Breton publique su *Premier Manifeste du Surréalisme*. Aunque no corresponde a los limitados objetivos de estas notas, cabe señalar que los ultraístas argentinos están, en aquella fecha, más cerca del espíritu «Dadá»[1] que del surrealista «automatismo psíquico puro».[2] Y aunque los dos movi-

1. «*Il s'agissait de fournir la preuve que la poésie était une force vivante sous les aspects, meme antipoétiques, l'écriture n'en étant qu'un véhicule occasionel, nullement indispensable, et l'expression de cette spontanéité que faute d'un calificatif approprié nous appelions dadaïste (...)*» (Tristan Tzara).

2. A. BRETÓN, *Premier Manifeste du Surréalisme*, 1924.

mientos de la primera posguerra europea se expliquen uno en el otro,[3] la vehemencia casi adolescente de los rioplatenses se sostiene en la certeza de un descubrimiento inédito y sin precedentes, ocultando, sistemáticamente, sus fuentes más próximas. Es la misma certeza que acompañó a la «Proclama de *Prisma*» (1922): pretendían una «*ruptura*» al margen de la tradición, «superar esas martingalas de siempre y descubrir facetas insospechadas al mundo». Guillermo de Torre, Guillermo Juan, Eduardo González Lanuza y Jorge Luis Borges, firmantes de *Prisma*, abren un «movimiento» que «propende así a la formación de una mitología emocional y variable». No se trata, pues, de descubrir hasta qué punto «la nueva sensibilidad» o la «nueva comprensión» fueron realmente *nuevas*. Es posible recordar, eso sí, que en la historia de las literaturas modernas no ha existido transición sin intransigencia: el eslabón más débil de la cadena se ha roto cuando las propuestas precedentes han agotado sus posibilidades expresivas. ¿No es en este punto donde, tras la creación y desarrollo del modernismo, empieza a justificarse, aun en sus excesos programáticos, la intolerancia de ultraístas y martinfierristas? Hay otro dato formal y significativo: el manifiesto-programa de Apollinaire, conocido en 1917, se titula *L'esprit nouveau*. Reivindicación de la aventura, el texto de Apollinaire reviste la misma intransigencia. No lejos están «el nuevo espíritu» de la «nueva sensibilidad». Pero, ¿sobre qué bases reposa la ruptura de los rioplatenses? Es claro que no se trata de una reivindicación del pasado, o, al menos, de aquellas expresiones o antecedentes escamoteados, ni de la aventura que, por ejemplo, llevó a los surrealistas a revaluar algunas voces románticas (Nerval) o a esos escritores marginales posteriores a la crisis romántica (Lautréamont o Jarry). Los primeros grupos vanguardistas de Hispanoamérica se instalan en el presente con la ilusión de abolir no solamente el pasado, sino de prefigurar el futuro.

En Europa, la «nueva sensibilidad» mantiene, tam-

---

3 *Cf.* Maurice NADEAU, *Histoire du Surréalisme*, Du Seuil, París, 1964.

bién, su dosis de intolerancia: nacido en plena guerra mundial, el Dadaísmo intenta materializar esa «trasmutación de valores» enunciada por Nietzsche. También el «extravío de la razón» de Fourier.

Si la metáfora se convierte, en su autonomía, en elemento primordial de la nueva poesía, es claro que poco debe a la herencia inmediata del Modernismo hispanoamericano o del Simbolismo francés. «Cada verso de nuestros poemas posee una vida individual y representa una visión inédita», se consigna en la Proclama de *Prisma*. Pero antes que elaborar una poética realmente inédita, los grupos de 1922 y 1924 apuntan hacia la disolución de las precedentes.

No resulta extraño que, como en toda la historia de la literatura latinoamericana, las transformaciones sustanciales lleguen, a un nivel de viaje personal, por medio de los *viajeros*. El viaje, real o imaginario, en nuestra época colonial, reivindica a la picaresca hispánica y funda, con sus recursos, la novela hispanoamericana. *El Periquillo Sarniento*, del mejicano Fernández Lizardi, fusiona ideología liberal con mecanismos propios de un género que los colonizadores miraban con sospecha. También nuestro romanticismo está mediatizado. Poco importa que escrito o inscripto en medio de la «naturaleza americana», registre aspectos de la sensibilidad romántica europea: *Amalia*, de Mármol, y *María*, de Isaacs —entre otras— son obras románticas pero también irrenunciablemente hispanoamericanas. Entrado el siglo xx, y en la materia que me ocupa, no puede olvidarse el viaje de Huidobro: en 1916 se traslada a Europa. Antes, a su paso por Buenos Aires, da «las bases» de su «nueva» estética. En 1913 «agita sus caligramas» (Braulio Arenas) y con un tono irreverente, después de una oficiosa y desganada defensa de «los señores clásicos», advierte estar en presencia «de otros tiempos». En 1914, en Santiago de Chile, lanza su manifiesto *Non serviam*. El viaje del chileno se produce con los rasgos «proféticos» de un renovador. También en su movimiento inverso, el viaje de Marinetti. Su visita a Buenos Aires, en 1926, excita el descontento: el futurismo (en una élite que ha visto el nacimiento de *Prisma* y *Martín Fierro*), no podía hallar terreno mejor abonado. La fundación de nuestra modernidad es, en todo sentido, una fundación cosmopolita. No viene al caso poner en discusión las ventajas o infortunios de este hecho: la América Latina registra, en algunos niveles privilegiados de su cultura, un largo proceso de *apropiaciones*. Antes de que Octavio Paz lo advirtiese en *El laberinto de la soledad* (1950), nuestro Modernismo pudo hacer suya la invocación del poeta mejicano: «*Somos, por primera vez en nuestra historia, contemporáneos de todos los hombres.*» La apropiación romántica del Modernismo equivaldría, una vez superada la fugaz fase de las proclamas, a la apropiación modernista de los vanguardistas.

Más que el ejercicio de un nuevo concepto alrededor de la literatura y el arte o, específicamente, alrededor de la poesía (ya que la poesía fue el objeto de todos los sensacionalismos vanguardistas), los *ismos* provocados entre la segunda y tercera décadas del presente siglo se apoyan en una idea un tanto primaria de lo *nuevo*. La generación emergente se vuelve hacia Europa con una ambigua sensación de insuficiencia. Si la contemporaneidad más radical estaba en el dadaísmo, futurismo o, años después, en la síntesis surrealista, puedo intentar una explicación: fueron detonadores, puntos de partida para una ruptura exigida por el epigonismo modernista. La ligereza intransigente registrada entre 1916 y 1930 (fechas aproximadas) sólo tiene, en relación con los movimientos anteriores (romanticismo, parnasianismo o modernismo) un tono más desmesurado. No hay momento transicional en ninguna cultura que no produzca esta furiosa y provisional abolición del pasado ni esta proclamación irreverente del futuro.

La beligerancia ideológica de los románticos se prolonga en la excentricidad y arrogancia de los primeros vanguardistas. En su irracionalidad, seguramente más desesperada y menos histórica; en su rechazo a cualquier norma expresiva, los ismos de las dos primeras décadas del XX (¿es necesario recordar que hipotéticamente nuestro presente siglo empieza en 1910?) mantienen el espíritu de un romanticismo vergonzante. El poeta continúa siendo un demiurgo, el artífice de *toda* creación, fuente de revelaciones, mago y exorcista. ¿No es ésta la ilusión adolescente del primer Huidobro? ¿No es ésta la certeza del muy joven y pronto «arrepentido» Borges de 1922?

Pero no todo cuanto agitaron los vanguardistas se quedó en la transitoriedad del escándalo. Los de una auténtica vocación poética marcaron un eficaz momento de ruptura. Los «ismos», en su nivel estrictamente programático, fueron síntomas de transición. En ellos se fundó, sin duda, la moderna poesía latinoamericana. Apagado el deslumbramiento de las proclamas y la sensación de carencia (causa, ésta, de un ingenuo mimetismo cosmopolita), a la disolución de los grupos acompañó la edificación de obras personales de honda significación en el actual lenguaje literario. Allí se gestó, de alguna forma, una de las más ricas «polémicas» de la literatura latinoamericana: la confrontación, a veces artificiosa, entre «populismo» y «cosmopolitismo», que en pocos años encontrará su síntesis resuelta en las obras de Neruda o Vallejo, soluciones felices a una falsa alternativa que ya a fines del siglo XIX había sido expuesta por el José Martí de *Nuestra América*.

Si de *Martín Fierro* (nombre significativamente «prestado» a la tradición gauchesca rioplatense) y su manifiesto sólo nos queda una referencia de nombres «ilustres», desde la revista de Evar Méndez surgieron nombres clave en la literatura argentina e hispanoamericana de los años siguientes: Jorge Luis Borges, Oliverio Girondo, Leopoldo Marechal, Eduardo González Lanuza y, caso curioso, el más cosmopolita de sus precedentes: Ricardo Güiraldes, figura «decorativa» del grupo. Aunque resulta imposible ubicar a unos y otros en la agresividad y retórica de sus manifiestos, y sus obras signifiquen una búsqueda de la contemporaneidad, es inevitable considerar que una actitud común de ruptura nace de ellos, se larva y desarrolla bajo su influjo. De allí surgen esas obras de excepcional valor llamadas *Fervor de Buenos Aires*, *Veinte poemas para ser leídos en el tranvía*, *Días como flechas* y *Prismas*. Todos ellos, como afirma Marechal, escritos «en el ardor de la batalla».

No olvidemos que la «batalla», en el Sur de América, estuvo protagonizada por el populismo de Boedo y el «purismo» o «cosmopolitismo» de Florida.[4] La revisión crítica de éste y otros grupos no corresponde a los límites que traza esta recopilación. Con todos los elementos (literarios e históricos) allí implícitos, se hace recomendable una sociología de la literatura vanguardista que también escapa a mi intención.

2

Tal vez podamos decir menos, en otra latitud, pero remitiéndonos a un mismo momento, del *Estridentismo* mexicano. Pero, ¿acaso no estaban preparando al más homogéneo grupo literario producido en la cultura mexicana de la tercera y cuarta décadas del siglo? También la ingenuidad programática de los estridentistas prefigura, como transición, la ruptura esencial que se registra en *Los Contemporáneos* a partir de 1928. Si los primeros hablaban de «lo nuevo», increpaban «lo viejo» e invocaban, con un anecdotario romántico, la modernidad, los segundos la afrontan y dan forma. Habrá que reconocer que *Andamios interiores* o *Urbe*, de Maples Arce, son obras que van más allá de las escandalosas manifestaciones de su propio movimiento.[5]

En ellas se consigna el frío sudor de las imágenes, la presencia de un universo precariamente tecnológico que remite más al futurismo que al dadaísmo; la insinuación de un contexto urbano degradado, la independencia y simultaneidad de la imagen poética. Se trata de una sensibilidad permeable a la modernidad, «a la intemperie de todas las estéticas». Tenía que estarlo, como búsqueda de una nueva identidad: estaban ofreciendo una opción novedosa y si se quiere más dinámica que la de los sobrevivientes del Modernismo. Por eso, cuando Los Contemporáneos toman la palabra, convierten los balbuceos de Maples Arce en vocalización coherente. La demen-

4. *Cf.* David VIÑAS, *De Sarmiento a Cortázar*, Siglo XX, Buenos Aires, 1969.
5. *Cf.* Octavio PAZ, *Poesía en Movimiento*, Siglo XXI, México, 1966 [prólogo].

cia del monólogo cede a la coherencia del diálogo: no se funda el presente con la abolición del pasado. Los Contemporáneos, eso sí, dan término (en su lenguaje literario) a una pintoresca «conciencia nacional» retorizada tras la institucionalización del populismo generado por el agrarismo mexicano, años más tarde poder remunerado y aristocracia dirigente.

Vanguardistas de vocación, los estridentistas fueron el punto de partida de esa trayectoria que en la poesía mexicana se inicia con Los Contemporáneos y que, una década más tarde, se continúa en la empresa literaria de «Taller» (Octavio Paz, Efraín Huerta, etc.)

3

Algo más que curiosidad vino a ser el *Creacionismo*. Como denominación surge de un hombre y como realización de una obra poética que lo resume. De la que, también, escapa. Vicente Huidobro es, a su vez, el más intransigente y arrogante de nuestros vanguardistas, quien registra con síntomas más agudos la crisis de nuestra conciencia poética entre la segunda y tercera décadas del siglo XX. «La tradición moderna —escribe Octavio Paz— es la tradición de la ruptura.» Huidobro asume esta ruptura con la vehemencia oficiosa del «profeta» que vivía en su primera juventud. «Ilusorio o no —continúa Paz— esta idea enciende al joven Darío y lo lleva a proclamar una estética nueva. El segundo gran movimiento del siglo se inicia también como ruptura: Huidobro y los ultraístas niegan con violencia el pasado inmediato. El proceso es circular: la búsqueda de un futuro termina siempre con la reconquista del pasado.»[6]

Huidobro estaba dando de sí los extremos de la contienda: retórica, autosuficiencia, mesianismo. Envuelto en más de una polémica, vivió durante algunos años atormentado por la «originalidad» de su movimiento. ¿Fue un contemporáneo de Reverdy y Apollinaire o uno de esos casos de coincidencia simultánea frecuentes en el nacimiento de ciertas rup-

6. O. PAZ, *Poesía en Movimiento*, op. cit.

turas? Usando un lugar común hispanoamericano, «vivía a la enemiga». No tuvo un grupo, una secta donde oficiase de brujo: hizo las veces de escuadrón. Su *ismo* podía condenarse al fracaso, apagado el tono desmesurado de su discurso. Sin embargo, es el gran poeta de la contradicción vanguardista. Es, acaso, un surrealista primitivo. Incluso la política (fantasma temido entre los primeros vanguardistas) excita su inmensa curiosidad: en 1923 escribe su panfleto anticolonialista *Finis Britannie*. Más de una sospecha tiende a verlo como un exhibicionista que busca empecinadamente la originalidad y Guillermo de Torre, en su *Literaturas europeas de vanguardia* (1925), es escasamente generoso en sus juicios sobre el poeta chileno. Sin embargo, hacia 1925 el Creacionismo se mantenía como la mayor y más eficaz propuesta vanguardista hipanoamericana. *Altazor* (1931) es la culminación de esta aventura poética. Sin condiciones, una de las expresiones más significativas de la poesía americana en lengua castellana.

Las aventuras letristas, el neosimbolismo y la soberbia espectacular van desapareciendo. Huidobro hará «florecer» en su poema no a la naturaleza que le aterrorizó, sino al caos, la desilusión o la disolución, ese refugio de un desgarramiento cultural que no alcanzaba a racionalizarse. Aventuro una hipótesis: Huidobro nunca fue un poeta paraeuropeo, pese a haber escrito algunas de sus *plaquettes* en francés: fue un poeta hispanoamericano. La ambigüedad de su sensibilidad o, mejor, el *mestizaje* de su discurso cultural («poeta / antipoeta / culto / anticulto»)reivindica una vocación cosmopolita que no pertenece al vanguardismo europeo.

En ocasiones Huidobro se reconoce en la desmesura de la «barbarie». A golpes de intuición se registra en su *Altazor* un conflicto cultural, una doble identidad, la supervivencia de dos sensibilidades integradas en el lirismo profético que se anuncia con la muerte de Altazor: «*Soy bárbaro tal vez / Desmesurado enfermo / Bárbaro limpio de rutinas y caminos marcados / No acepto vuestras sillas de seguridades cómodas / Soy el ángel salvaje que cayó esta mañana. / En vuestras plantaciones de preceptos / Poeta / Antipoeta / Culto / Anticulto.*» En Huidobro la utilería verbal tiene el tono de un alucinado y sin embargo el cogito no se interrumpe. Crítica de la poesía es, a veces, crítica de la tradición poética que le precede.

4

Existen dos omisiones deliberadas en la recopilación de estos textos: Pablo Neruda y César Vallejo. En ninguno de los dos puede hablarse de vanguardismos. Ni *Residencia en la tierra* (ampliado en *Segunda residencia en la tierra* y *Tercera Residencia*), las obras más próximas a la sensibilidad surrealista (¿es justo decir «sensibilidad»?) ni *Trilce* (1922), poemario emparentado con el ultraísmo, son obras estrictamente vanguardistas. La herencia romántica y modernista está presente en las primeras obras de éstos. Más aún, el Vallejo de *Los heraldos negros* (1918) es un poeta próximo a la retórica modernista. Explícitamente, recuerda a Darío: («*y Darío que pasa con su lira enlutada*»). Son autores ajenos a la desmesura. La contemporaneidad de los dos no parte de proyectos de negación sino de afirmación: son conciencias nacionales asumidas. Vallejo y Neruda están al margen del costumbrismo urbano que introducen, en su primera fase, los vanguardistas. Sin embargo, son sus contemporáneos. Aparte de alguna «pugna» personal (la que recuerda Juan Larrea por los años de la Guerra Civil española entre Huidobro, Neruda y Vallejo), no fueron protagonistas de proclamas. Borges mismo, animador y firmante de manifiestos y artículos ultraístas, señalaría al poco tiempo la facilidad adolescente de sus aventuras vanguardistas. De la proclama de *Prisma* a la publicación de *Inquisiciones* se ha abolido la espectacularidad ultraísta, su tendencia a la negación. Borges inicia la reelaboración imaginaria de Buenos Aires, la mitificación de un pasado legendario frecuente en sus poemas y relatos. La reivindicación del pasado se le exige como una tarea consecuente con su vasta información cultural: «*Durante muchos años yo creí haberme criado en un suburbio de Buenos Aires, un suburbio de calles aventuradas y de ocasos visibles. Lo cierto es que me crié en un jardín, detrás de un largo muro, y en una biblioteca de ilimitados libros ingleses.*» Borges entraba al «laberinto de la soledad», a la construcción de una minuciosa ficción. No siendo historia, Buenos Aires es —para el poeta— leyenda. El pasado idealizado es lenguaje literario, uno de los más exigentes en la literatura de lengua castellana.

Ni Vallejo ni Neruda figuran, pues, en esta valoración. Con Borges y Huidobro (Saúl Yurkievich lo ha escrito y desarrollado amplia y espléndidamente en su ensayo *Fundadores de la nueva poesía latinoamericana*,[7] añadiendo los nombres de Girondo y Octavio Paz) son los poetas vivos de una tradición en ejercicio. Ninguno de los tres se encuentra en la espectacularidad de un discurso efímero y apenas sí rozan aspectos del neorromanticismo más legendario (los suicidas René Crevel o Jacques Vaché, las peripecias letristas y las polémicas político-culturales). Van al reencuentro del pasado: del barroco hispánico al *Coup de dés...*; de Villon al Whitman de *Leaves of Grass;* de Darío a Lugones: la tradición no es un dato cartografiado sino una realidad en movimiento. Borges se referencia en la tradición británica y en improbables mitos de la inmediata historia argentina; en las sagas germánicas y en su erudición universitaria de origen anglosajón. Neruda en los torrentes épicos de Whitman, en el hedonismo de Villon, en la marginalidad de Quevedo: romántico y modernista es, con mesura, un vanguardista, «purgatorio de las sensaciones y las pasiones» —según la afortunada expresión de Octavio Paz. Vallejo va a las raíces del modernismo y desgarra su discurso (y su vida) en las complejas referencias verbales que vienen de su ascendencia indígena. Lo que en Neruda es generosidad verbal en Vallejo es parquedad, discurso ajustado a una exigencia poética que no conoce los excesos. Huidobro, el maduro Huidobro, regresa a las fuentes hispánicas: su recreación del *Mío Cid* registra la instrumentalización del pasado. No lo «actualiza»: lo recrea y somete a un punto de vista imaginario.

7. Saúl Yurkievich, *Fundadores de la nueva poesía latino americana*, Barral Editores, Barcelona, 1973.

Finalmente, el pasado inmediato que desdeñaron los *ismos* empieza a ser revaluado: Borges se remite a Leopoldo Lugones y Vicente Huidobro a Rubén Darío.

En escasos diez años (los que van del Ultraísmo a Los Contemporáneos), las posibilidades propiamente vanguardistas se han cerrado. La «influencia», imitación tardía de ultraístas, estridentistas o creacionistas, vuelve a registrarse, más como fenómeno sociológico que literario, en los años cincuenta. Pero escasas son las repercusiones reales de estas aventuras epigonales. Sólo en algunos países (Colombia, Venezuela, Ecuador, entre otros), los ismos vuelven con un acento pintoresco: se trata de jóvenes que descubren el dadaísmo y los manifiestos surrealistas, nada más. Y ello resultaba explicable: aún la inocencia era posible. ¿Podría seguirse siendo vanguardista en la Argentina de Borges y Girondo, Marechal y González Lanuza? ¿Podría repetirse en Chile el Creacionismo agotado en una vasta obra poética? ¿Repetirse el estridentismo mexicano cuando la generación de José Gorostiza, Xavier Villaurrutia, Carlos Pellicer, Salvador Novo o Gilberto Owen dejaban atrás, en su seguridad expresiva y en su irreversible contemporaneidad, los *Andamios interiores* o *El café de nadie*, obras precedentes?

Después de los años treinta los sobrevivientes de los *ismos* afrontaron una de las dos alternativas: «regenerados» en su intransigencia se dieron a la tarea de continuar obras excepcionalmente personales, desechando la otra alternativa: la ya artificial ruptura con un orden poético abolido.

5

Un poeta solitario figura en esta selección de textos: León de Greiff. Anderson Imbert, en su manual de literatura hispanoamericana, se había ocupado tangencialmente de este colombiano, escasamente leído, aun en nuestros días. *«Pero estos raros que ahora nos van a ocupar —Vallejo, Huidobro, Brull, Greiff, Girando— van en la misma dirección, se juntan, conspiran, proselitizan, dan un manotón y se apoderan de la bandera que ha de flamear en la vanguardia.»*

Está muy cerca, cronológicamente, de la generación ultraísta. No lo es. Crea una revista de renovación literaria en su país, *Panidas*, y hace parte de un grupo, «Los Nuevos». Pero no se trata de *Martín Fierro*. En algunos aspectos es un modernista tardío y remozado. Pero esta clasificación es insuficiente. Romántico, modernista, simbolista y vanguardista, está más cerca de cierto Girondo. Cubre medio siglo de poesía colombiana y sólo, ante su obra, cabe el asombro. Si se le buscasen consecuencias directas podrían hallarse en la mitología tropical de Álvaro Mutis. Es vanguardista por la aparente arbitrariedad de sus fuentes, por el ejercicio de una libertad expresiva que no se cierra en modelo alguno. Puede parecer curiosa su inclusión en esta selección de valoraciones. Desde 1914 es un vanguardista reconciliado con la tradición. Anacrónico a su manera, puede recordar ciertos efectos gongoristas. Seducido por los simbolistas (Verlaine) anula cualquier sospecha: recuerda, en su ácido humor, que sus fuentes provienen del escéptico moralismo de Quevedo. En la multiplicidad de sus fuentes (referencias germánicas y escandinavas), es menos «sensacional» que Girondo, pero un erotismo desenfadado los asocia. Sus referencias cultas podrían ser familiares a Borges. Pero en Greiff son menos austeras. En fin, es un gran poeta marginal en quien, además de coincidencias cronológicas, se resumen inocultables propuestas vanguardistas.

6

Se incluye un texto sobre el «Modernismo» brasileño. Una breve aclaración se impone: el Modernismo, en el Brasil, es una denominación equivalente al vanguardismo hispanoamericano y seguramente se conozca por este nombre a partir de la «Semana de Arte Moderno», de 1922. Allí la literatura enfrentó su todavía no resuelto conflicto con la sociología y la historia. Es, además, el país donde primero se dan, coherentemente, los síntomas de una ruptura vanguardista. Hacia 1914 se discute y preocupa el Futurismo y en 1915 se publica la revista *Orfeu*. Es el comienzo de una corriente que cubrirá más de dos décadas de literatura nacional. No puede olvidarse que es en este país donde de una manera más definida la identidad ha conducido a la conformación de una literatura nacional, seguramente la más estructurada de América Latina. Esa transformación del portugués en una lengua nacional, habida cuenta de los factores de interacción cultural entre la metrópoli europea y la historia de este vasto país; el desplazamiento del centro de atención temática, ya no hacia las grandes urbes (Río de Janeiro o São Paulo) sino hacia las más radicales expresiones del «subdesarrollo» económico y social; el sincretismo resultante de grupos y subgrupos étnicos en plena movilidad, es decir, en producción de valores y comportamientos culturales iletrados, todo ello ha llevado a crear un cuerpo de obras y autores cuya trascendencia se precipita a raíz de la ruptura formal y conceptual operada en la «Semana de Arte Moderno». Una poderosa cultura nacional no sistematizada en sus variantes populares y los precedentes «cultos» de un barroco floreciente en el período colonial, apoyan esas instancias clave que van de éste al romanticismo, parnasianismo (Modernismo en Hispanoamérica) y vanguardismo de 1922. De ahí que el texto de Wilson Martins cumpla aquí una función informativa: es una oportuna remisión a un fenómeno poco conocido en los lectores de lengua castellana. Todavía el «modernismo brasileño» arrastra el malentendido de su denominación. Vanguardistas por excelencia, los «modernistas» materializan un proyecto de síntesis y fusión mucho más hondo que el insinuado en sus contemporáneos ultraístas o creacionistas. En ese espíritu de ruptura se prefigura, de alguna forma, un hallazgo de mayores alcances, que en las décadas de los cincuenta y sesenta culmina en esas obras irreductiblemente universales que son la poesía de Drummond de Andrade o la narrativa del João Guimarães Rosa.

7

En la primera edición cubana de estos textos incluía una entrevista con el ensayista Juan Marinello. En algún momento pensé suprimirla para esta segunda edición española, pero algunas razones me autorizan a dejarla como un documento de estimable valor: primero, *la Revista de Avance* (1927-1930) adelantó algunas funciones de ruptura, sin ser exactamente una publicación vanguardista. Al margen de su valor testimonial y de la rigurosa memoria crítica de Marinello, es él uno de los pocos sobrevivientes de este período que en Cuba y en el área del Caribe se insertó en un singular proyecto cultural de afirmación nacional. La entrevista se mantiene, pues, intacta, así como el texto de Roberto Fernández Retamar, levemente corregido por su autor en ocasión de aquella primera edición de 1970. He excluido otros textos, pocos, por las dificultades materiales que plantea una edición de mayor volumen. Finalmente, deseo aclarar que, de ninguna manera, se pretende agotar las posibilidades de un tema. Ofrezco, simplemente, unos materiales de información y análisis de utilidad académica, dispersos algunos en publicaciones de difícil consulta, otros inéditos, y completado con una amplia, que no exhaustiva, bibliografía para contribuir al final estudio de los vanguardismos. Realizado el presente volumen dentro de los programas del Centro de Investigaciones Literarias (CIL) de la Casa de las Américas de La Habana, ha sido posible gracias a la colaboración de los compañeros Excilia Saldaña, Trini Pérez y Pedro Simón Martínez. Dejo constancia de las oportunas sugerencias del poeta Roberto Fernández Retamar, del ensayista Juan Marinello y del novelista y crítico Mario Benedetti. En términos generales, he modificado, en relación con el escrito en 1970, el presente prólogo.

Óscar Collazos
Barcelona, octubre de 1975

20

CÉSAR FERNÁNDEZ MORENO
El Ultraísmo

Del ultraísmo español se ha dicho que sólo quedó el nombre. Sin embargo, dejó múltiples rastros formativos en los poetas convocados por la *Antología* de Gerardo Diego (1932). Y ha dejado también un sucesor: el ultraísmo argentino, exportado por Borges a la Argentina, con lo que el ultraísmo español devuelve con creces a nuestro país la influencia que de él había recibido.

«A fines del 21 regresé a la patria —nos cuenta Borges— hecho que es en mi vida una gran aventura espiritual, por su descubrimiento gozoso de almas y paisajes.» Asume la representación oficial en Buenos Aires de *Ultra*, de Madrid; pero, simultáneamente, según cuenta Francisco Luis Bernández, declaraba haber «arrojado toda su latinidad en el arroyo Maldonado». Lo importante del ultraísmo argentino, me explica Borges, no fue Madrid ni París, sino la Plaza Once y el café Royal Keller. ¿En qué se diferencia del español? «El ultraísmo de Sevilla —concede Borges— fue una voluntad de renuevo. El ultraísmo en Buenos Aires fue el anhelo de recabar un arte absoluto que no dependiese del prestigio infiel de las voces y que durase con la perennidad del idioma como una certidumbre de hermosura.»

A partir de 1921 se desarrolla la vida autónoma del ultraísmo argentino, creciente en importancia hacia 1925, en retirada desde entonces hasta 1927.

«Fui abanderizador del ultraísmo», escribe Borges con su forzado lenguaje de aquellos tiempos; «hermáname con un conjunto de poetas la tendencia ultraísta —insistirá— ya por mí bastante voceada y apuntalada de teorías». En 1921 aparece

21

Prisma, revista mural dirigida por Borges, su primo
Guillermo Juan, Eduardo González Lanuza y Guillermo de Torre. Su importancia se resume en la
«Proclama» de su primer número (...) y que fue
redactada exclusivamente por Borges, según declara
de Torre. Sin embargo, Borges descalifica a *Prisma*
como «cartelón que ni las paredes leyeron», pero
lo rehabilita a medias como «disconformidad hermosa
y chambona». El intento fracasado con *Prisma*
cuajó, en cambio, con *Proa,* revista que apareció en
dos épocas. En la primera, entre 1922 y 1923, fue
fundada y dirigida por Borges y Macedonio Fernández: por fin a sus anchas entre la juventud vanguardista, este viejo joven Macedonio. Esta primera
Proa fue muy literaria, y aun diría lírica. (...)

Más importantes que la proclama de *Prisma* son los
cuatro lineamientos del ultraísmo que Borges trazó
en *Nosotros* en el mismo año 1921. Los copio, a mérito de su brevedad y fuerza definidora:

«1. Reducción de la lírica a su elemento primordial: la metáfora. 2. Tachadura de las frases medianeras, los nexos y los adjetivos inútiles. 3. Abolición
de los trebejos ornamentales, el confesionalismo, la
circunstanciación, las prédicas y la nebulosidad rebuscada. 4. Síntesis de dos o más imágenes en una,
que ensancha de ese modo su facultad de sugerencia.»

Dos años después, dando muestras de su sensibilidad ante la nueva situación del arte y el pensamiento,
Nosotros promueve una encuesta donde todos tuvieron ocasión de responder a varias comprometedo-
doras preguntas sobre la orientación estética de la
nueva generación y sobre los escritores precedentes.
La encuesta deja ver al desnudo la estructura literaria de esos años, y constituye un documento sin
par para juzgarlos. Descontando la escasa representación, el fatal descarnamiento que el tiempo ha revelado en algunas de las figuras opinantes o sujetas
a opinión, surge de ella un caótico vaho de deso-
rientación y fugacidad. Con todo, se localizan a
su través cuatro direcciones, que son, de derecha
a izquierda, en el sentido literario de estos términos:
1. La clasicista, integrada entre otros por Jorge

Max Rohde, Carlos Obligado y Héctor Ripa Alberdi. «Solemos reunirnos semanalmente un grupo de jóvenes para escanciar el afecto y la cultura en el vaso cordial del coloquio a la manera platónica», dice este último, en tono suficientemente revelador de la intención de esta escuela. 2. Inmediatamente, el residuo *modernista*, al que Borges, tres años antes, en vista de la heterogénea diversificación de sus corifeos, había decretado, con palabras de Torres Villarroel, «a las once y tres cuartos de su vida, con las pruebas determinadas para esqueleto». 3. Luego el *sencillismo*, que integra con el clasicismo y el rubenismo el terceto de «plagas» que denuncia Eduardo González Lanuza. 4. Y, decididamente *à l'avantgarde*, dos tendencias: la *realista*, con influencias rusas y preocupaciones sociales; y la *ultraísta*, con perfiles mucho más netos; los ultraístas «saben lo que no quieren», dijo bien uno de los interrogados. Estas dos tendencias vanguardistas, traducidas a la polémica de barrios, se corporizan en las que se han denominado escuelas de Boedo y Florida, respectivamente. Una de las consecuencias de esta encuesta es la fundación de la revista *Inicial*, en cuya dirección, entre 1923 y 1926, se alternaron Roberto Ortelli, Brandán Caraffa, Roberto Smith, Homero Gugliemini y V. Ruiz de Galaterra. Esta revista fue fundada por iniciativa de Alfredo Bianchi; se dio así el caso de jóvenes actuando a impulso de los consagrados. Lo hicieron convocando «a todo lo que hay de valiente, decidido y sano en las filas de la nueva generación». En este momento, debe citarse también *Valoraciones*, revista editada por el grupo Renovación, de La Plata, que, trascendiendo sus intereses locales y estudiantiles, publicó doce nutridos números, entre 1923 y 1928, bajo la dirección de Carlos Américo Amaya y, posteriormente, del filósofo Alejandro Korn. Los más jóvenes encontraban a *Valoraciones* ligeramente académica, como que lo era; pero además tenía un notable nivel en todas sus calidades. Destacan las importantes colaboraciones que en ella publicó el maestro Pedro Henríquez Ureña.

En 1924 el ultraísmo ha llegado a su cumbre. *Proa* inicia su segunda y breve época, en la que desaparece como director Macedonio Fernández y entran, en cambio, Brandán Caraffa, Ricardo Güiraldes y Pablo Rojas Paz. Se ocupa ahora más genéricamente de la cultura argentina. La declaración que encabeza el primer número pone de relieve una actitud serena, optimista. «Queremos que *Proa* inicie la segunda etapa», dice. Y se apresura a presuponer que las clases cultas, «después de observarnos de lejos con curiosidad mezclada de duda, nos dieron su sanción más amplia con la espléndida convivencia que acaba de iniciarse entre ellas y los artistas, sin distinción de banderas». Un año después, *Proa* deja de salir, para asegurar la unidad de la juventud en las columnas de *Martín Fierro;* su nombre continuará, sin embargo, en la editorial fundada por Güiraldes, Girondo y Méndez.

También en 1924 Eduardo González Lanuza publica su libro *Prismas:* otra vez el prisma, lanzado por Güiraldes en su *Cencerro*, retomado por uno de los poemas «prehistóricos» y por la primera revista de Borges, elevado a libro por González Lanuza. Es que el primer prisma asume la geometría, la frialdad abstracta del ultraísmo. Dice Borges: «González Lanuza ha hecho el libro ejemplar del ultraísmo y ha diseñado un meandro de nuestro unánime sentir. Su libro, pobre de intento personal, es arquetípico de una generación... Ha logrado el libro nuestro, el de nuestra hazaña en el tiempo y el de nuestra derrota en lo absoluto.» Se equivocaba Borges (y mucho, como es su hábito cuando no acierta): *Prismas* se recuerda hoy día apenas por algo más que por estas exageraciones suyas. En cambio, nadie se ha olvidado de su *Fervor de Buenos Aires*, cuya «duradera inquietud metafísica», según el propio Borges, le impedía representar al ultraísmo.

En febrero de este mismo año Evar Méndez funda *Martín Fierro*, publicación quincenal en formato *tabloid*. Otro título que se repite, en un sentido precisamente opuesto al de *Prisma*, otra ola que vuelve periódicamente a partir del *Martín Fierro* de Hernández: en 1904, la revista de Ghiraldo; en 1912, las conferencias de Lugones; en 1919, un primer intento de Evar Méndez, y ahora el segundo, plenamente logrado, ya que la revista seguirá apareciendo hasta noviembre de 1927. Su tono fue combativo, satírico y, a la vez, divulgador: su difusión excedió los habituales círculos literarios. Acogió con jovialidad y temeridad cuanto tenía o aparentaba tener sabor nuevo, presentó y difundió poetas, absorbió en sus columnas a los componentes de otros cenáculos y emplazó sus baterías contra los modernistas y posmodernistas en boga. *Martín Fierro* centralizó y concretó el movimiento ultraísta, y acabó por darle su propio nombre: generación de *Martín Fierro*. Con su fundador, Evar Méndez, que fue su animador, su alma, alternaron en la dirección Oliverio Girondo, Sergio Piñero, Eduardo Juan Bullrich, Alberto Prebisch. De ellos, Girondo es con mucho el más importante, siempre fuerte y originalmente dispuesto a romper toda rutina vital o poética. La obra de Girondo en esos momentos y su posterior actuación con las sucesivas generaciones juveniles, hacen de él una de las figuras centrales del martinfierrismo.

En cuanto a Ricardo Güiraldes, se incorporó, por invitación de Méndez y Girondo, al ya maduro movimiento ultraísta y su recién fundado periódico *Martín Fierro*. En el número de octubre-noviembre de 1924 se dilucida en términos definitorios «quién es Martín Fierro» y se atribuye a Güiraldes el carácter de miembro de su «núcleo activo», más el de «redactor y colaborador permanente», junto con un reducido grupo integrado en su mayoría por los fundadores y directores. Sin embargo, la memoria escrita por Girondo en 1949 y refrendada por sus compañeros de comando en *Martín Fierro*, aclara que Güiraldes «jamás intervino en su dirección ni tuvo una influencia directa dentro del periódico». Pero también es cierto, como ha dicho Ulyses Petit de Murat, que «sin su presencia *Martín Fierro* se hubiera esterilizado en cien corrientes anárquicas, en pequeñas luchas desagradables y mezquinas».

Una rápida ojeada a la colección de *Martín Fierro* destaca, en su número 4, de mayo de 1924, el «Manifiesto de Martín Fierro», que se alza contra todo lo constituido y solidificado en el inmaduro medio argentino del momento. Este gesticulante manifiesto puede compendiarse en dos principios. Primero: amor por la novedad; se exalta la nueva sensibilidad y la nueva comprensión de las cosas; todo es nuevo si se mira con ojos nuevos. Se desprenden de este principio otros caracteres: la elusión del hábito y la costumbre, repercusión evidente de las teorías de Epstein (*La poesía de hoy*, 1921); la afirmación de la sinceridad; una derivación futurista, la apología de los progresos mecánicos: lo pasado debe aceptarse sólo como precedente de lo actual, o bien como motivo humorístico. Segundo principio: amor por lo argentino: fonética, visión, modales, digestión. Este amor parece ser particularización del más extenso por lo americano, y se acompaña de una fuerte reacción contra lo negroide. En números sucesivos de *Martín Fierro* se destacan: el homenaje a Marinetti, líder futurista italiano que nos visitó en 1926; la discusión sobre el meridiano intelectual de Hispanoamérica; la polémica de grupos entre el de Florida, entregado al arte puro, y el de Boedo, teñido de intereses sociales.

Muchos aportes positivos ha dejado *Martín Fierro*, pero uno de los más importantes ha sido su actitud humorística, que brota aparejada con la de Macedonio Fernández (si no es la misma), y a favor, sin duda, de los buenos tiempos que por entonces atravesaba nuestro país. *Martín Fierro* abordó nuestros problemas con ingenio y soltura superando la vieja y engolada tradición que nos dicta nuestro americano complejo de inferioridad, temeroso de asumir con naturalidad y alegría las virtudes y defectos del argentino.

¿Se nos permite una brevísima antología de su parnaso satírico? Primero, el epitafio de Arturo Capdevila, que solía presentarse en muchos concursos literarios:

> *Aquí yace bien sepulto*
> *Capdevila en este osario.*
> *Fue niño, joven y adulto,*
> *pero nunca necesario.*
> *Sus huesos deben quemarse*
> *para evitar desaciertos.*
> *Murió para presentarse*
> *en un concurso de muertos.*

Luego, el de Manuel Gálvez:

> *Aquí yace Manuel Gálvez,*
> *novelista conocido.*
> *Si hasta ahora no lo has leído,*
> *que en adelante te salves.*

Tanto han arraigado estas cuartetas, que las cito de memoria. Esta otra se dedica presumiblemente al venerable Bartolomé Mitre, que había traducido *La divina comedia*:

> *En esta casa parduzca*
> *vive el traductor del Dante.*
> *Apúrate, caminante,*
> *no sea que te traduzca.*

Y, por último, este ejemplo de humor negro, asestado a un vate, por fortuna para él, anónimo:

> *En este nicho reposa*
> *un poeta arrabalero.*
> *¿No habrán tenido otra cosa*
> *con qué llenar este aujero?*

Para cerrar la nómina de revistas de este período, deben citarse dos que, sin ser del todo literarias, importaron mucho literariamente: *Claridad*, revista política de izquierda dirigida por Antonio Zamora; y *Criterio*, revista católica de derecha, dirigida por Atilio dell'Oro Maini. La primera feneció en 1941; la segunda continúa apareciendo.

Estamos ya en condiciones de sintetizar el credo disconformista de estos poetas que pregonaban a ultranza la libertad ultraísta, y, simultáneamente, sólidas normas para pregonarla. Los tres primeros puntos de Borges en *Nosotros* son negación pura (reducción, tachadura, abolición), por lo que caen dentro del objetivo deseo de desnudez que caracteriza a las escuelas vanguardistas de la línea hiperartística. Hasta la postulación del verso suelto es inicialmente un rechazo del tradicional, pues comporta la eliminación de los consabidos ritmos, rimas y formas. El ultraísmo busca poesía más sencilla

27

aún que el sencillismo: mediante la supresión de más y más aditamentos formales; mediante el sólo y único recurso de la imagen; busca, por el camino elimina- torio que describe Valéry, poesía reducida a su propio ser, poesía pura. Ello implica un anhelo antirromán- tico (valga la contradicción), en cuanto desplaza la atención del creador hacia la obra de arte.

Frente a esos tres puntos negativos, deben desta- carse como afirmaciones generales las dos que surgen de los manifiestos de *Prisma* y *Martín Fierro* y del cuarto inciso borgiano, a saber: genérica apetencia de novedad, que arranca de la bautismal si imprecisa definición que del ultraísmo diera Cansinos-Asséns.

En segundo lugar, aunque derivando en cierto modo del primero: afán de expresividad, deseo de llevar al lenguaje, mediante la metáfora y la doble o múl- tiple imagen, a sus más empinadas posibilidades tras- laticias (aclaramos que para los ultraístas en general no hubo distinción entre imagen y metáfora; usaron indistintamente esas palabras). «El idioma se suelta —dice Borges—. Los verbos intransitivos se hacen activos, y el adjetivo sienta plaza de nombre»: por esta legítima vía de enriquecerlo, continúa su marcha la rebelión contra el lenguaje. Y, por último, el argen- tinismo, más proclamado que cumplido.

El área temática en que el ultraísmo, según Borges, se proponía actuar, tendía a excluir el sujeto, de- jando de lado «la cacería de efectos auditivos y vi- suales» (alusión al sencillismo), y el «prurito de querer expresar la personalidad de su hacedor» (todo el romanticismo y gran parte del modernismo). Esto, a su juicio, no significaba evadirse del yo, sino pre- cisamente enriquecerlo, como él mismo lo aclara con palabras que recuerdan la actitud unanimista: «el yo es sólo una ancha denominación colectiva que abarca la pluralidad de todos los estados de con- ciencia. Cualquier estado nuevo que se agregue a los otros llega a formar parte esencial del yo, a ex- presarle: lo mismo lo individual que lo ajeno». Y termi- na, desarrollando su inicial posición expresionista: «Superando esa inútil terquedad en fijar verbalmente un yo vagabundo que se transforma en cada instan- te, el ultraísmo tiende a la meta primicial de toda poesía, esto es, a la transmutación de la realidad

28

palpable del mundo en realidad interior y emocional.» Emoción en el creador; y emoción también en el destinatario, a juzgar por la preeminencia que la notícula inicial de *Proa* asignaba a la conmoción sentimental del lector, pues la realidad exterior sólo ha de alcanzar su validez poética cuando se transforme en «interior y emocional». Por supuesto, mediante el poema, lo que es la definición misma del expresionismo.

El medio ambiente cultural de Buenos Aires resultaba provinciano y opresivo para Borges y sus coetáneos, en abierto desencanto de la euforia que la paz de 1918 había desatado. He aquí la opinión de Borges, en 1921, sobre la poesía que encontró vigente en Buenos Aires: «La belleza rubeniana es ya una cosa madurada y colmada, semejante a la belleza de un lienzo antiguo, cumplida y eficaz en la limitación de sus métodos y en nuestra aquiescencia al dejarnos herir por sus previstos recursos, pero por eso mismo es una cosa acabada, concluida, anonadada.» Mientras en Europa el vanguardismo redescubre el arte, dice Oliverio Girondo:

«Aquí no sucede nada. Por increíble que parezca, los eternos figurones gaseosos persisten en una retórica caduca y en un academismo *avant la lettre*, a la par que el pésimo buen gusto de algunos espíritus marmóreos continúa frecuentando una estética refrigerada o un cierto dandismo tropical. No sólo las casaderas libélulas de Flores son víctimas de la sensiblería más cursi y edulcorada. El peor Rubén, el de las marquesas liliales y otros pajarracos de parterre, fomenta el ripio lacrimal y el decorativismo de pacotilla. Cuando no se busca en la pintura la más infiel fidelidad topográfica, se le exige alguna anécdota declamatoria o sentimental. Ante un cuadro, ante una estatua, tanto la crítica como el público se equivocan hasta cuando tienen razón.»

El estado de espíritu que traduce Girondo revela ya el sentido destructor y a un tiempo informativo que fue uno de los caracteres del grupo ultraísta: ponerse, estar al día, fue uno de sus deseos más constantes.

Pero este inventario ultraísta de la realidad argentina de 1921 es excesivamente nihilista, según las precursiones que hemos compulsado. La subsistencia del rubenismo no era el único hecho notorio por entonces: el ultraísmo debió reconocer, en su pleno desarrollo, una precedente tendencia antimodernista: el sencillismo, nacido cinco años atrás en torno a Fernández Moreno. El sencillismo fue una potencia operante entre 1915 —*Las iniciales del misal*—, y 1925 —*Aldea española*—; existe, pues, una coincidencia de cuatro años entre ambas escuelas: de 1921 a 1925.

Cuando llegó el ultraísmo, debió atacar al sencillismo o anecdotismo en cuanto tendencia constituida, pese a su común alzamiento contra el modernismo, pues las intenciones ultraístas, en política literaria, eran las normales: copar la banca generacional. Por eso habla Borges, con hispánica soberbia, del «rubenianismo y anecdotismo vigentes, que los poetas ultraístas nos proponemos llevar de calles y abolir».

«Por cierto (especifica Borges) muchos poetas jóvenes que aseméjanse inicialmente a los ultraístas en su tedio común ante la cerrazón rubeniana, han hecho bando aparte, intentando rejuvenecer la lírica mediante las anécdotas rimadas y el desaliño experto. Me refiero a los sencillistas, que tienden a buscar poesía en lo común y corriente, y a tachar de su vocabulario toda palabra prestigiosa. Pero éstos se equivocan también. Desplazar el lenguaje cotidiano hacia la literatura es un error... El miedo a la retórica —miedo justificado y legítimo— empuja a los sencillistas a otra clase de retórica vergonzante... Ni la escritura apresurada y jadeante de algunas fragmentarias percepciones ni los gironcillos autobiográficos arrancados a la totalidad de los estados de conciencia y malamente copiados, merecen ser poesía.»

En realidad (...), el sencillismo no era tan sencillo, y los ultraístas encontraron allanado el camino por su acción. Al reaccionar contra el modernismo y buscar la poesía en la vida y con el lenguaje común, el sencillismo había significado una mayor destilación del gusto, una actitud más refinada, una percepción más sutil del fenómeno poético por sí mismo y no por sus atributos exteriores; con la generación que adviene, este proceso continúa hacia una mayor tecnificación. Los cuatro puntos de Borges, que se reducen en suma a la agilización y aligeramiento de la poesía, se encuentran anticipados casi a la letra en el período sencillista de Fernández Moreno. Decía Borges que «la desemejanza raigal que existe entre la poesía vigente y la nuestra es la que sigue: en la primera, el hallazgo lírico magnifica, se agiganta y se desarrolla; en la segunda, se anota brevemente».

Éste es, ni más ni menos, el carácter esencial del sencillismo de Fernández Moreno, reconocido por todos sus críticos, inclusive Borges cuando se refiere a sus «lacónicos versos» o al «modo tan inmediato» en que transcribe el paisaje con «palabras traslúcidas» congregadas y organizadas por un «arte exquisito y casi imperceptible». El ultraísmo quiso llevar esta sencillez a la pureza, y codificó sus principios hasta esqueletizar la poesía.

La generación ultraísta debe además al sencillismo la conquista de la ciudad como tema de poesía. Ello es evidente en la escuela de Boedo; en cuanto al mismo Borges, su poesía ciudadana, o mejor dicho, arrabalera, consuma su indudable originalidad apoyándose a dos puntas en la de Carriego y la de Fernández Moreno. En una conferencia que dio en 1963 acerca de los poetas de Buenos Aires, Borges juzga su propia obra ciudadana y concluye con su habitual exageración:

«Todo esto que yo hice era realmente superfluo; en cierto modo era tardío, no había por qué hacerlo, ya que en sus muchos libros Fernández Moreno había dado con la verdadera versión poética de Buenos Aires. Dije al principio que Buenos Aires es una ciudad en cierto modo secreta, invisible; podemos compartirla, pero no podemos comunicarla a los otros. Y Fernández Moreno, con una delicadeza que podríamos llamar oriental, ha dado ese sentimiento de Buenos Aires.»

El ultraísmo, como todo movimiento cultural, guarda estrecha vinculación con sus predecesores. Acabamos de ver su relación con el sencillismo; la tiene también con el modernismo. La *Antología* de Onís casa modernismo y ultraísmo, de donde surge el ultramodernismo. Desde otro ángulo, Juan Larrea denomina al ultraísmo «contestación genuina al llamamiento de Rubén Darío». El jefe del ultraísmo, Jorge Luis Borges, hombre que experimentó la literatura como pasión, se apasionó también con todas las grandes figuras que el azar puso a vivir a su alrededor en la literatura argentina, y muy especialmente con Lugones.

La personalidad de Lugones fue sufrida por Borges bajo las formas alternativas del doctor Jekyll y míster Hyde. En un principio, su caudillismo literario lo colocó en una previsible actitud agresiva frente al «postrer rubenismo» que Lugones encarnaba todavía sólidamente en 1921. Sin embargo, en *Inquisiciones* (1925) el *Lunario sentimental* es alabado como «viva almáciga de tropos», junto a *El divino fracaso*, de Rafael Cansinos-Asséns. Ello no impide que en el mismo mes y año de *Inquisiciones*, pero en la revista *Nosotros*, Borges trastrueque el título del *Lunario* con maligna metátesis, en *Nulario sentimental*. «Ni sufro sus rimas —agrega— ni me acuerdo del tétrico enlutado ni pretendo que sus imágenes, divagadoras siempre y nunca ayudadoras del pensar, puedan equipararse a las figuras orgánicas que muestran Gómez de la Serna y Rafael Cansinos-Asséns.»

Doce años después, Borges saltó otra vez de cuadrante y, no obstante haberse confesado ferviente discípulo de Macedonio, definió al ultraísmo reduciéndolo a un mero eco del *Lunario*. Dijo entonces: «La obra de los poetas de *Martín Fierro* y *Proa* está prefigurada absolutamente en algunas páginas del *Lunario*... Fuimos los herederos tardíos de un solo perfil de Lugones.» Asevera, en suma, que Lugones predicó la rima y la metáfora; los ultraístas abominaron de la primera y entronizaron la segunda, con lo que el movimiento quedaría reducido a un mero juego de afirmaciones y negaciones técnicas. Esta clave lugoniana sirve también a Borges para distinguir la vinculación amistosa de Güiraldes con el ultraísmo, de su influencia sobre él: *El cencerro de cristal* sería, meramente, el nexo entre Lugones y el ultraísmo.

Finalmente, en el «Prólogo» a su antología de la poesía argentina, Borges amplía estas ideas y hace nacer de Lugones casi toda la poesía posterior, y muy especialmente el ultraísmo. «Tal vez Lugones fue el primer poeta argentino que cuidó cada línea, cada epíteto, cada verbo. El ultraísmo exageró estas atenciones y no paró hasta la desintegración del poema.» Concluye, con aplastante humor, que el ultraísmo «durante quince años se consagró a reconstruir los borradores del *Lunario sentimental*».

Contradictoriamente, Eduardo González Lanuza, típico ultraísta, «se atrevería a decir» que el ultraísmo «es la primera Generación Literaria con cabal conciencia de serlo, la primera realmente operante como organismo vivo que aparece en nuestro país». «Por eso —agrega— el antagonista de nuestra generación no fue otra generación de poetas, sino Leopoldo Lugones, que había devorado su sustancia.» Concluye que Lugones «representaba una poesía adjetiva» y el ultraísmo pretendía «una poesía sustantiva en la cual la forma, digamos exterior, era lo de menos».

La verdad, como acostumbra, parece encontrarse en este caso entre ambas opiniones extremas: es cierto que no sólo el afán metafórico singularizó el ultraísmo, pero tampoco esta escuela fue tan sustantiva. Empleando la terminología de González Lanuza, diría yo que, más que una poesía sustantiva, el ultraísmo se preocupó de una poesía no adjetiva; que se atareó más en destruir que en construir. Lo fundamental en el ultraísmo, lo que empobreció las realizaciones iniciales de sus adeptos, fue su anhelo de eliminar todo lo que creciera en torno de la poesía; anhelo, pues, de poesía pura.

Lugones, por su parte, pudo apoyar con su brío habitual una poesía adjetiva, afincada en sus cualidades musicales, pudo en consecuencia mantener su ruidosa polémica con *Martín Fierro* acerca de la rima, y, a los postres, del ultraísmo, denominar «prosistas jóvenes y no» a sus cultores, enrostrándoles la falta de aquellas cualidades. Pero no debemos olvidar que los ingredientes formales de la poesía no eran los únicos en él, pues la había definido, no sólo como rima, sino también, y hasta en primer lugar, como amor.

Cuando regresó en 1921, Borges encontró en Buenos Aires al nunca sabido maestro de su estilo y su pensamiento: Macedonio Fernández. Del idealismo de Macedonio, que coincidía en un plano más profundo con el expresionismo aprendido por Borges en Europa, nace el «Buenos Aires esencial» de la poesía borgiana, y muy luego su literatura fantástica.

Recíprocamente, con Borges le llegó a Macedonio la última escuela vanguardista de Europa y primera de acá: el ultraísmo. Recién llegado o venido al mundo literario, Macedonio o Recienvenido * encuentra, sin buscarlo, un rótulo, resultando ser y haber sido, antes del vanguardismo, un escritor vanguardista. Por eso lo he llamado precursor del vanguardismo argentino; en realidad, es menos y más que eso. Un simple vistazo a su bibliografía revela dos períodos de actuación literaria netamente coincidentes con las dos primeras generaciones argentinas de vanguardia: entre 1922 y 1929, con la ultraísta; entre 1937 y 1945, con la neorromántica. Por esto es menos que un precursor; y por la misma razón es más, pues al surgir y actuar con sus menores, su personalidad intransferible no cambia para nada, se mantiene dura, en el mismo sentido pero siempre al margen.

Si queremos considerar a Macedonio estrictamente como escritor, deberemos calificarlo sin más vueltas como un nato escritor de vanguardia, no tanto en razón de su actividad literaria concreta como en razón del contenido esencial de su obra. El proceso del vanguardismo se reconoce, tanto en la teoría literaria general de Macedonio, como en las notas típicas de su literatura. Su odio a la poesía musicada, a la literatura pictórica; su pregón del tecnicismo literario y su exclusión de la vida, son notas típicas del ala hiperartística del vanguardismo; nadie

* Alusión a *Papeles de Recienvenido* (1944), obra de Macedonio Fernández. *(N. del E.)*

las ha postulado en la Argentina con semejante profundidad e incisión. Al mismo tiempo, se advierten en Macedonio fuertes tendencias hacia el opuesto campo hipervital; por ejemplo, la romántica apología de la pasión, la surrealista concepción de la literatura confusiva y automática, la aceptación de lo cotidiano.

El idealismo absoluto de Macedonio viene a resolver el problema cumbre del vanguardismo, con su creencia de que el ser es sólo y exclusivamente la sensibilidad, tanto en la forma de vigilia, como en la de ensueño, lo que conduce a la final identificación de estos dos términos tradicionalmente antitéticos, a esa conciliación de los contrarios que persigue el surrealismo. Queda así sustentada la unidad profunda del vanguardismo mediante una extremada posición individualista, que podría explicarse histórica y psicológicamente por un retraimiento del individuo hacia sí, ante la falla total de lo que había fuera de sí. Estando la realidad en mi propia sensibilidad, nada tendría de extraño que la creación literaria no admitiera otras leyes que las dadas por mi soberanísimo arbitrio.

Pero no sólo en el fondo, sino también en la forma, resultaba ser Macedonio el maestro perfecto del ultraísmo. En el terreno puramente lingüístico, el vanguardismo se debate y revuelve queriendo crear un arte independiente de la vida; la naturaleza representativa del lenguaje lo reenvía invenciblemente hacia ella. Pero en la metafísica de Macedonio Fernández el problema halla solución: si el ensueño y la vigilia son iguales, no es obligatorio «sentar que toda imagen sea posterior a una percepción o sensación, que la invención absoluta de imaginación no sea perfectamente posible». He aquí el único fundamento viable para todo tipo de creacionismo: que el poeta invente realidad, más adentro del campo lingüístico, en el óntico; ello supuesto, el problema de dar forma escrita a tal invención es ya puramente literario y tal vez resoluble; claro que el propio Macedonio, volviendo a la zona lingüística, admite que «el lenguaje estrictamente idealista no sería asequible todavía».

Ya hemos visto que «Suave encantamiento», poema publicado por Macedonio Fernández en 1904, fue aceptado por el propio *Martín Fierro* como una creación anticipada del ultraísmo. En el estado final de su poesía, tal como se advierte en las fechas de su póstumo libro *Poemas*, Macedonio ha superado ya, cuando éste llega, a ese mismo movimiento ultraísta que él había anticipado. Su poesía se debate en el mismo filo que su autor: al borde de la filosofía, del pensamiento racional, a punto de salirse y por momentos evadiendo esa prohibición de raciocinio que la definición macedoniana de Belarte le impondría. Suele presentarse en forma de largos versículos arrítmicos, o bien con un ritmo casi paragráfico, más propio de la prosa (entendida ésta como escritura de raciocinio) que de la poesía. El contenido de estas estrofas oscila entre este intelectualismo:

«El todo decir de la Siesta: Presente no fluente, Moción sin Traslación; lo Ser, el Todo hace un Mundo sin Marcha, que es y que no va; el Ser se da una sola vez; Vibración, Oscilación sin Repetición Idéntica o casualidad hacen al tiempo un solo Hoy.»

Y esta ternura dirigida a la luna, en su hermosísimo y algo nietzscheano «Poema al astro de luz memorial» tan penetrante tal vez como ninguno de los que Lugones acumuló en su *Lunario sentimental:*

«El único mirar dulce que viene desde lo alto es el tuyo el chispear del viaje de indiferencia de las otras estrellas molesta y agita, y no nos mira.
»Heridos de ellas, corremos a ti cuando apareces.»

Pero, en rigor, la más profunda poesía de Macedonio Fernández gira en torno a su mujer. Su poema más representativo es «Elena Bellamuerte» y tenía que serlo, porque se refiere al episodio central de su vida, a la máxima aceptación dolorosa de la contingencia que cupo jamás a su conciencia: la muerte de Elena Bellamuerte. Existen dos versiones; la se-

36

gunda de ellas, titulada «Otra vez», insiste a trechos en esta prosística manera:

«No eres tú, Muerte, quien por nombre de misterio logre hacer pálida mi mente cual a los cuerpos haces. Nada eres y no la Nada. Amor no te conoce poder y pensamiento no te conoce incógnita. No es poder tuyo azorar la luz de mi pensar; aunque de mejillas y rosas caiga el tinte tributo a la hacendosa, ingenua Siega, que es sencillo engaño donde tu simplicidad se complace. Mortal te veíamos Muerte, y en todo día veíamos más allá de ti.»

Este conceptismo, que llega a neutralizar lo patético, desaparece en «Elena Bellamuerte» (...), y que fue descubierta por azar, veinte años después de ser escrita y olvidada por Macedonio en una absurda caja de bizcochos. Versión ésta de ritmo entrecortado pero muy acentuado (y, en alguna parte, hasta fuertemente rimado, pero como al descuido); y de lenguaje comprimido al máximo, donde se ven cumplidos, y a fondo, esos deseos ultraístas de eliminar los trebejos ornamentales, los nexos y frases medianeras. Irracional ritmo, duro y recio lenguaje, que dan como resultado una poesía de extraña acuidad y fuerza, donde parece producirse una excepcional alianza de pensamiento y emoción. Este largo poema es, para el entusiasmo crítico de Roy Bartholomew, «tal vez lo más profundo y más elevado» que hasta ahora se ha escrito en el río de la Plata, «tan perfecto que podría por sí solo justificar un país o una cultura».

A todo esto, el grupo ultraísta había logrado, no sólo repercusión americana, sino también vínculos europeos. Entre 1919 y 1920 Güiraldes realiza su segundo viaje a París, en 1922 un tercero. Pero no eran ellos los únicos: Francisco Luis Bernárdez y Leopoldo Marechal, por ejemplo, tuvieron en París, ya en 1926, su primer contacto con la obra de Paul Eluard, es decir, con el surrealismo, posición poética opuesta al ultraísmo y más propia del período neorromántico que se avecina en nuestra poesía. La vinculación con Europa también se daba a la inversa: entre los europeos que vinieron y se quedaron en esta época figura nada menos que Ramón Gómez de la Serna. Llegó a Buenos Aires por primera vez en 1925, atraído precisamente por el grupo de *Martín Fierro*. Como él mismo confiesa, permaneció entre nosotros, aquella vez, más tiempo del que corresponde al buen conferenciante. En 1931 volvió a Buenos Aires. «Ramón, Ramón —le decía entonces Victoria Ocampo—, mírese usted en el espejo. Es usted violentamente, opresivamente español... Crea usted a España a su alrededor.» Y concluía con justeza: «Me parece que verlo en Buenos Aires nos ayudará a precisar los puntos que nos acercan y nos alejan de España.»

En 1926 se publica el *Indice de la nueva poesía americana*, con prólogos de Alberto Hidalgo, Vicente Huidobro y Borges: antología que presenta al movimiento ultraísta argentino en conexión con las paralelas corrientes poéticas americanas del momento. Los países más representados son Argentina, Chile, Perú y México; están incluidos también Ecuador, Nicaragua, Uruguay y Venezuela. * En el «Prólogo», Alberto Hidalgo formula algunas consideraciones político-históricas en que repudia el hispanoamericanismo, y en lo poético afirma que «Huidobro, en España, derroca al rubendarismo», aunque «su acción es igual a cero en América». A su vez, Huidobro dedica patriarcalmente sus poemáticas sentencias «a los verdaderos poetas que no han olvidado que fue mi mano la que arrojó las semillas». Borges, por su parte, afirma que «se gastó el rubenismo; al fin, gracias a Dios», y lo define: «el rubenismo fue nuestra añoranza de Europa».

Al ganar en extensión, el ultraísmo había perdido en comprensión; al ampliar su plantel originario de escritores y público había ido desliendo las cualidades que confirmaron su personalidad inicial, y fundiéndose en la corriente central de la poesía argentina.

* Aparte, también, el colombiano Luis Vidales (1904), cuyo primer libro, *Suenan timbres* (1926) es, propiamente, el aporte vanguardista de mayor relieve para su país. *(N. del E.)*

1927 es el año agónico del ultraísmo, que cristaliza en su más importante antología: *Exposición de la actual poesía argentina* (1922-1927), de Pedro Juan Vignale y César Tiempo. En la «Justificación» que inicia el volumen, los organizadores expresan:

«No es ésta una antología crítica... Acaso en este volumen el lector avisado desglose varias maneras, modalidades y empaques líricos. A la facilitación de este propósito responde, en primer lugar, la publicación del libro, y dentro de él: su carácter de exposición, vale decir, panorámico e imparcial.»

Abigarrado, pintoresco, este volumen tiene el sello deportivo, travieso, de la poesía que representa. La integran pequeñas autobiografías y caricaturas de los poetas incluidos. Sobre poesía en general y sobre el movimiento ultraísta en particular opinan, en páginas preliminares, Leopoldo Lugones, Rafael de Diego, Julio Noé, Ricardo Güiraldes, Tomás Allende Iragorri, Roberto Mariani y Evar Méndez. Incluye, al final, un anexo informativo que comprende: enumeración de las antologías que precedieron a la *Exposición*, revistas, en que colaboraron los poetas que la integran y resumen de la antes aludida encuesta de la revista *Nosotros*.

La aparición de la antología de un grupo literario denuncia frecuentemente la desaparición de éste. Es lo que sucede con la *Exposición*. La muerte de Ricardo Güiraldes en París precipita la disolución ultraísta. En este mismo año 1927, ante el problema de apoyar o no la candidatura de Hipólito Irigoyen a la segunda presidencia, no hubo forma de seguir publicando *Martín Fierro*, esa hoja ágil y profunda que alegró tres años de la cultura argentina (*Martín Fierro*, pues, hubiera merecido uno de sus propios epitafios irónicos: es lástima que no hayan sabido resolver el problema apoyando la burlesca candidatura de Macedonio Fernàndez). El anunciado número especial de homenaje a Güiraldes no alcanzó a salir.

El grupo comienza a dispersarse, comprendiendo tal vez que su vocación destructora lo tornaba anacrónico cuando se entraba en el terreno de las creaciones: «para nosotros había pasado el tiempo del juego y queríamos construir», admite Petit de Murat. La generación ultraísta pierde cohesión, sus integrantes más destacados se dispersan, renuncian a la actuación común y penetran como individuos en la escena literaria argentina.

CÉSAR FERNÁNDEZ MORENO
Distinguir para entender
(Entrevista con Leopoldo Marechal)

CFM: *¿Cuáles fueron los comienzos de tu carrera literaria?*

LM: A los nueve años de edad, alternaba ya mi fútbol de barrio con la peligrosa costumbre de contar sílabas con los dedos. ¿No te pasó lo mismo en Flores, a la sombra poética de don Baldomero? * Antes de los veinte reuní un volumen de poemas que titulé *Los aguiluchos* y eran el fruto de mis relaciones con los poetas de barrio, los anarquistas líricos y los folklores de suburbios que tanto influirían después en mis novelas y en mis obras dramáticas. Ese libro, eminentemente victorhuguesco, suele figurar en mi bibliografía, pese a mi voluntad en contra. ¿Por qué razón «era contra»?, me dirás. Cierta vez don Alfonso Reyes, embajador de México en Buenos Aires, nos decía que todo escritor, además de su historia, tiene una «prehistoria» en la cual entrarían los escritos prematuros que nunca debió publicar y de los que se arrepiente luego. ¿Recuerdas, por ejemplo, los detestables poemas que figuran en la *Obra completa* de Rubén Darío y que nunca debieron salir de su prehistoria literaria? Después, ganado por el modernismo en mi taller de autodidacto, escribí un poemario que se titulaba *Mirtila y yo*, y que muy luego entregué a las llamas en el altar del vanguardismo poético. El primer llamado me llegó de la revista *Proa,* en la cual publiqué un «Ditirambo a la noche» que nunca recogí en ningún libro y que me gusta todavía. El segundo llamado me vino de Evar Méndez, en cuya casa, y en una noche me-

---

* Baldomero Fernández Moreno, padre de César F. M. *(N. del E.)*

morable, me reuní con Ricardo Güiraldes, Oliverio Girondo, Macedonio Fernández, el pintor uruguayo Pedro Figari, Borges, Bernárdez y otros que durante cuatro años fueron mis camaradas «martinfierristas». ¿Qué fines perseguía esa reunión nocturna? Los de imprimir a la revista *Martín Fierro*, que trotaba su primera época, un galope o ritmo revolucionario. ¿Y sus móviles? Por aquellos días Emilio Pettoruti y Xul Solar, recién llegados de Europa, exponían en la Galería Witcomb sus pinturas de vanguardia que merecieron la indignación de la crítica y la burla de los plásticos locales fieles al «pompierismo», los cuales abrieron en Van Riel una exposición parodia que fue para nosotros un llamado a las armas. El resto ya lo conoces como historiador y crítico de nuestra literatura. Sólo añadiré que por aquel entonces, en el ardor de la batalla, escribí y publiqué mis *Días como flechas*, un libro de combate, lujurioso de metáforas, que podé más tarde y reduje a unos diez poemas de tránsito menos difícil.

CFM: *¿Cómo lograste coordinar tu actividad pedagógica con la literatura?*

LM: Siempre fui un poeta de vocación y un pedagogo vocacional. En la enseñanza primaria no sufrí nunca el contraste de ambas vocaciones, ya que los niños son naturalmente poéticos: lo malo sucede cuando se hacen hombres. En mis horas malas, nunca volqué mis pesadumbres sobre las cabezas inocentes de los muchachos: abandonaba entonces mi lira tormentosa en el umbral de la escuela, para vestir el guardapolvo del maestro. Hay en mi *Adán Buenosayres* * algunas escenas que lo pintan muy a lo vivo.

CFM: *¿Es aplicable al escritor contemporáneo el ideal de la* aurea mediocritas?

LM: El ideal virgiliano de la *aurea mediocritas* es posible y deseable a todo escritor, sea cual fuere la edad en que trabaja. Entenderás fácilmente lo que te digo si das a las palabra «mediocridad» su antiguo y verdadero significado de «a medias». Poseer las

---

* Novela cuya primera edición (1948) pasó desapercibida, a no ser por las elogiosas notas que le dedicaron Julio Cortázar y Noé Sifrik (*N. del E.*)

cosas «a medias» (dinero, pasiones, notoriedad) es poseerlas en la medida justa de «lo necesario». Es así cómo las cosas dejan de ser nuestros señores para convertirse en nuestros servidores. De tal señorío sobre las cosas nacen la libertad y el «ocio», tan necesarios, si no indispensables, a la creación artística. Si te molesta el «tono moral» que acabo de asumir contra mi costumbre, ciérrale tu puerta en las narices.

CFM: *¿Qué nombre te parece más correcto, y por qué, para designar tu generación literaria: martinfierrismo o ultraísmo?*

LM: He preferido siempre designarla con el nombre de «martinfierrista». En rigor de verdad, sólo fueron «ultraístas» dos o tres compañeros que recién llegaban de España o que conocían ese movimiento de suyo tan objetable en su originalidad (¡yo te saludo, viejo Reverdy!). Los demás andábamos y seguimos por nuestros propios carriles intelectuales. El de la revista *Martín Fierro* no fue un grupo homogéneo, identificado en una misma estética, como suele ocurrir en esta clase de movimientos. Cada uno de nosotros profesaba o maduraba su estética personal, en una vistosa heterogeneidad que nos enfrentó a los unos contra los otros, hecho feliz que dio a nuestra literatura contemporánea una riqueza en la variedad que no se dio en similares movimientos americanos, el de Chile, por ejemplo, en que Neruda parecía ser aún el Alfa y la Omega de toda la poesía posible.

CFM: *¿Qué semejanzas y diferencias existen entre el ultraísmo español y el argentino?*

LM: Lo ignoro. Yo «no duermo de ese lado», como dijo alguna vez nuestro querido Macedonio Fernández. Pregúntaselo a Guillermo de Torre, que es un especialista en esas y otras pequeñas maldades.

CFM: *¿Qué relaciones guardaron Leopoldo Lugones y Macedonio Fernández con la generación martinfierrista?*

LM: Macedonio estuvo en la raíz y génesis del movimiento; Lugones estuvo en la oposición más testaruda y melancólica. Siempre tuve muy serias razones intelectuales y humanas para no querer a mi tocayo. Él representa para mí todo lo que no me gustaba ni me gusta en nuestra desdichada República: la ciega y jamás caritativa exaltación del «ego», la «inautenticidad» y la «irresponsabilidad» intelectuales. Yo sé que te duele, querido César; pero también me duele y me ha dolido a mí, hasta el punto de llevar en mi alma cicatrices que no quieren borrarse. Por otra parte, y como preguntador, sabes muy bien que la «peligrosidad» no está en el que responde sino en el que pregunta. No olvides que Lugones sólo admitió y prologó a los que aparecían como sus discípulos, cerrándose a cal y canto a todas las tendencias que no entrasen en su laboratorio de metros y de rimas. En cuanto a lo demás, con la misma soltura tradujo cantos de *La Ilíada* sin poseer el griego, o explicó las teorías de Einstein sin conocer matemáticas superiores, o trabajó en un diccionario etimológico sin estar familiarizado con las lenguas y la gramática histórica necesarias, o cocinó un bodrio metafísico en ese monumento al macaneo libre que se titula *Prometeo*. También en poesía Lugones es la historia de una larga inautenticidad: ¿Qué tenía que ver él, un argentino provincial y sano de cuerpo y psiquis, con las dudosas exquisiteces de los simbolistas menores de Francia? En cuanto a su prosa, recuerdo que siendo yo director de enseñanza superior me tocó en suerte organizar el certamen estudiantil de composiciones, con motivo del Día del Idioma. Hasta entonces, y por una especie de tradición administrativa, se tomaba a Cervantes y su *Quijote* como figuras base del concurso; yo tomé a Lugones y propuse *La guerra gaucha*, sin haber tomado antes la precaución de releer la obra. El resultado fue catastrófico: ni alumnos ni profesores lograron digerir esa prosa churrigueresca, llena de neologismos y vistosidades tan ajenos a la naturaleza del relato. Si bien lo miras, el Lugones auténtico se da cuando él asume la fidelidad a su propia esencia, en algunos de sus *Poemas solariegos*, en otros de su *Libro de los paisajes*, en su *Romances del Río Seco* y en páginas admirables de su *Sarmiento* y de su *Roca*. Volviendo a tu pregunta, puedo asegurarte que Lugones estuvo en el polo contrario de nuestro movimiento martínfierrista y de la conciencia de sus mantenedores.

Después de su muerte, y merced a la «neocrofilia» literaria que suele practicarse en nuestro medio, Lugones fue cambiado de signo por obra de algunos cuervos que se alimentan sólo de cadáveres prestigiosos, o de algunos aprovechados finales, Borges, por ejemplo, que después de haberlo ridiculizado tanto, convirtió a Lugones en una suerte de *pater familias* de toda nuestra literatura, en otra de las mistificaciones literarias a las que tan aficionado es y en las que generalmente *George* trabaja *pro domo sua*. Macedonio Fernández, en cambio, se instaló naturalmente en el polo contrario de Lugones, tanto por su amorosa humanidad cuanto por sus aperturas a lo grande y lo nuevo en los órdenes de la especulación y la creación. Dudo que Lugones tenga una «posteridad literaria», en el sentido de que su obra *influya* en nuestros creadores del futuro. Macedonio la tendrá sin duda, en razón de su autenticidad, ¡él, que no saldría de su asombro si viera hoy su justo renombre!

CFM: *La división de las escuelas de Florida y Boedo, ¿respondía a diferencias reales o era puramente lúcida?*

LM: Entre ambas escuelas hubo diferenciaciones, pero nunca oposición, sobre todo en las relaciones humanas. Predominaba en los de Florida una tendencia «estetizante» pura, natural en una época en que el acento de lo económico social no había recaído aún, como sucede ahora, sobre todas las actividades del hombre. Los de Boedo, unidos en su tendencia «socializante», se adelantaron a los de Florida y a nuestra comunidad entera, justo es reconocerles esa prioridad histórica. Claro está que tuvieron su «antecedente» en las figuras de los intelectuales «anarquistas» anteriores. Querido César, el anarquismo romántico dio sus vistosas pinceladas en cierta época de nuestras artes y nuestras letras: como crítico e investigador, tal vez las busques algún día. El mismo Roberto Arlt, a mi entender, es un fruto final de ese anarquismo tremendista y poético.

CFM: *¿Cuál es la ubicación de Jorge Luis Borges y de Oliverio Girondo en esas coordenadas?*

LM: Borges provenía del ultraísmo, y evolucionó según sus conocidos alambiques literarios. Girondo

45

estaba más en la cuerda de Ramón Gómez de la Serna; pero halló luego su vía personal en una sincera afinación de su idioma poético. Borges y Girondo no podían integrar una «coordenada», utilizando tu expresión, porque Girondo era un ser auténtico y humano, y la esencia de Borges está en la «antípoda» exacta de las dos cualidades que acabo de asignar a Oliverio. En realidad, Borges fue siempre un «literato», vale decir un «mosaiquista de la letra», dado a prefabricar muy trabajosamente pepequeños mosaicos de palabras o bien equilibrados copetines de ideas, según recetas de fácil imitación o aplicación. Esa facilidad multiplicó sus discípulos en nuestro país y en algunos otros de Iberoamérica, hasta que, naturalmente, se descubrió el «truco» del falso mago: la reacción en contra se produjo «en cadena»; y hace muy poco la registré yo mismo en México y en boca de indignados espectadores. En el terreno de la *no autenticidad* y la *deshumanización*, hay un curioso paralelismo entre Borges y Lugones, que ya te demostraré en su día. Pero con una diferencia que se debe mencionar en razón de justicia: obraron en Borges una serie de factores extraliterarios que explicarían su escaso margen de humanidad y autenticidad. De cualquier modo, quedan en él como ejemplarizadoras su vocación sostenida, su prosa limpia y de buen funcionamiento (como diría él) y la prueba de cómo una tierra pequeña o un talento pequeño, cultivados a fondo, pueden dar la sensación de una tierra grande o de un gran talento. Pero el tema de la inautenticidad en nuestra literatura es un tópico bastante complicado que te convendría investigar a fondo. A mi juicio, proviene del largo «complejo de inferioridad» que ha gravitado sobre nuestras letras y las de Iberoamérica frente a los creadores foráneos, y a las consiguientes «mímesis» de lo foráneo con que se pretendió enjugar ese complejo. No lo tuvieron, ciertamente, ni un Sarmiento ni un Mansilla ni un Hernández ni un Güiraldes ni un Macedonio.

CFM: *¿Por qué los hombres de tu generación podían ser estetizantes en los años 20, y no pueden serlo ahora?*

LM: Creo que mi séptima contestación responde

a la primera parte de esta pregunta. En lo que atañe a la segunda, es muy difícil hoy, si no monstruoso, entregarse a un esteticismo puro de torre de marfil o de cualquier otro material aislante, dada la ineludible solidaridad que le debemos a nuestro mundo y su problemática. Por mi parte, y en tanto que «artífice», no puedo ni debo renunciar a la Estética (palabra reciente) o a la Poética (vocablo antiguo) como teoría o ciencia del arte. En tanto que «hombre», nada impide que yo, en una novela, por ejemplo, utilice como sustancia los quebraderos de cabeza contemporáneos, sin apartarme de la Estética, que me obliga a forjar una «obra de arte» y no un tratado de sociología. «Distinguir para entender», dijo la vieja Escolástica, que sabía «un kilo».

CFM: *¿A partir de qué libro te parece que has asumido tu entera personalidad de poeta?*

LM: Entiendo que fue a partir de mis *Odas para el hombre y la mujer* (1928), escritas después de *Días como flechas* en un primer *rappel à l'ordre* de mi furia vanguardista. Al autorizar sus reediciones sucesivas, he releído mis *Odas*, y las encontré y encuentro aún muy sólidas. En ellas lo poético y lo metafísico empezaron a entrelazarse en una combinación que no abandoné nunca en lo sucesivo, ni en el poema ni en la novela.

CFM: *¿Cuáles son tus recuerdos de tus viajes a París en los años 20?*

LM: Hice mi primer viaje a París en 1926, época de la revista *Martín Fierro* y año en que murió Güiraldes allá mismo. Compartí con Francisco Luis Bernárdez una existencia de cabarets que terminó cuando el escultor José Fioravanti, del cual era viejo amigo, me arrancó de la «mala vida» y me introdujo en la órbita de los plásticos europeos. Por mi amiga Suzanne, propietaria de la librería «L'Esthétique», conocí al grupo de los superrealistas franceses (Aragón, Eluard), que practicaban el superrealismo literario mientras nosotros nos entregábamos a un superrealismo vital. De igual modo compartí horas amables con algunos plásticos argentinos de la escuela de París (Butler, Basaldúa, Berni y Badi, o sea las cuatro B). En la misma época llegaron a esa ciudad Jacobo Fijman y Antonio Ballejo, este último gran bailarín de charleston, que hacía entonces furor, y actualmente monje franciscano en un convento de Mendoza. En 1929 realicé mi segundo viaje a París, donde viví un año y medio con los pintores argentinos ya mencionados, a los cuales se habían unido Raquel Forner y su familia, Víctor Pizarro, Juan del Prete, Alberto Morera y otros (siempre busqué la compañía de los plásticos: enseñan más y tienen menos veneno que los plumíferos). Todos juntos hicimos un veraneo sensacional en Sanary-sur-Mer, junto al Mediterráneo, que se tradujo en una existencia poético-humorística de la cual doy cuenta en algunas páginas de *Adán Buenosayres*. Mi segunda estadía en París me lanzó al estudio ordenado de las epopeyas clásicas y a la lectura de los filósofos griegos (Platón y Aristóteles) en su relación con los Padres de la Iglesia (San Agustín y Santo Tomás de Aquino), todo lo cual inició una crisis espiritual que dio a mi existencia su orientación definitiva.

CFM: *¿Qué significa en tu obra* Laberinto de amor, *y que paralelismo guarda con* El buque, *de Francisco Luis Bernárdez?*

LM: Mi *Laberinto de amor* es el primer fruto de la crisis espiritual a que ya me referí. Bernárdez, lanzado a una crisis paralela, concibió al mismo tiempo su *Buque*. Siendo, como lo éramos, fraternales amigos, nuestros poemas crecieron juntos y bajo las consignas de un mismo rigor premeditado. *Laberinto de amor* fue mi segundo *rappel à l'ordre*, tanto en lo espiritual cuanto en lo formal; y como yo venía de todas las vanguardias, me propuse, como reacción, embarcar a mi poema en todas las dificultades del arte. Algún día, cuando regreses y si lo deseas, analizaremos juntos esa fruta de una «mortificación literaria» casi terrible, con sus metros rigurosos, sus rimas difíciles, sus aliteraciones, sus acrósticos internos y la mar en coche.

ADOLFO PRIETO
Una curiosa revista de orientación futurista

Tanto los manuales como los estudios especializados en literatura argentina contemporánea, coinciden en acreditar al ultraísmo la condición de introductor absoluto de las modalidades vanguardistas de la primera posguerra. En este sentido, el regreso de Borges al país, en 1921, adquiere un poco el carácter del primer viaje de Rubén Darío a Buenos Aires, en 1893. En términos generales debe reconocerse que los hechos se acomodan a este esquema, y confirman la presunción de un verdadero hiato histórico entre la eclosión del modernismo finisecular y la tardía apertura vanguardista del ultraísmo. El ultraísmo fue sólo una decantación o variante *sui generis* de otros movimientos de vanguardia gestados en Europa antes y durante la primera guerra mundial. Todos estos movimientos reconocían, implícitamente, la paternidad del futurismo, cuyo primer manifiesto, publicado en 1909, pone fuera de duda la prioridad cronológica de la escuela propiciada por Marinetti. Pareciera que la literatura argentina (la impresión puede extenderse, con variedad de matices, a toda la literatura de habla española), hubiera pasado del modernismo al ultraísmo —o a su hermano casi gemelo, el creacionismo— sin solución de continuidad, sin salvar algunas de las etapas que la vanguardia literaria había vivido en Europa desde 1909: futurismo, cubismo, dadaísmo, etc.[1] De la influencia

---

1. El caso de Huidobro, en Chile, tal vez pueda considerarse una excepción. Pero su influencia real en la literatura argentina, antes del alba ultraísta, no parece demostrable. Huidobro estuvo en Buenos Aires en 1916, donde pronunció una conferencia que al decir de algunos de sus panegiristas, como Undurraga, constituyó nada menos que el acta de fun-

real del futurismo en las literaturas de habla española la crítica se expresa con escepticismo. Guillermo de Torre, en su *Literaturas europeas de vanguardia* (1925), asevera que «el futurismo es el más conocido, el único movimiento probablemente conocido en los letrados y del público latino —al menos en sus postulados fundamentales y en sus hechos más sonoros—. Por los gestos futuristas y Marinetti, su máximo inductor, han tenido siempre un relieve mundial anecdótico y pintoresco».

En la Argentina, fuera del eventual conocimiento de aquellos postulados básicos, y del sabroso anecdotario del fundador de la escuela, no se advierten, sino tardía y esporádicamente, signos reveladores de influencia.

------

dación del creacionismo: «De este modo, el poeta, involuntariamente leyó el acta de fundación del Creacionismo; después de años de meditaciones en torno a su teoría poética —¡por fin!— hallaba el nombre justo. Hombres ilustres del Río de la Plata, entre los cuales se hallaba Leopoldo Lugones, rodearon el nacimiento o velaron las armas de la nueva escuela estética» (Antonio de UNDURRAGA, «Teoría del creacionismo», prólogo a *Poesía y prosa de Vicente Huidobro*, Madrid, Aguilar, 1957). La conferencia, cualesquiera sean los alcances que se le atribuyan en la propia obra de Huidobro, no parece haber ejercido el menor influjo inmediato; como tampoco es fácil señalar indicios que atestigüen la influencia de *El espejo de agua*, supuestamente editado en Buenos Aires el mismo año, y que tan enojosas polémicas valió a su autor.

Contemporáneamente a la introducción del ultraísmo, se ensayaron, sin duda alguna, otras maneras poéticas. Los *20 poemas para ser leídos en el tranvía*, confirman, con holgura, esta presunción. González Lanuza recuerda una de estas experiencias:

«Con el obligatorio retardo que a todo tren de ondas estéticas parece imponer el cruce del Atlántico, el impulso dadaísta llega a nuestro país poco antes de la aparición de *Martín Fierro*. Con Borges, con Guillermo Juan y Francisco Piñero, jugábamos (es la palabra que corresponde) un par de años antes a la fabricación de fábulas dadaístas, algunos de cuyos nombres recuerdo: *El exágono robusto*, *El ermitaño usado*, *Caramba con las bicicletas*, refociládonos con los regocijantes efectos procurados por el inesperado encuentro de imprevisibles palabras. Dadá enseña a la Literatura a desarrugar el ceño, y aunque no tuviera otros méritos aducibles, ya es bastante. Su coincidencia en nuestro medio con la aparición de *Martín Fierro* es, a mi ver, la determinante del tono desenfadado del periódico. (*Los martinfierristas*, Buenos Aires, Ediciones Culturales Argentinas, 1961.)»

De 1924 es la frase de Oliverio Girondo, inserta en el manifiesto del periódico *Martín Fierro* (núm. 4):

«Martín Fierro se encuentra, por eso, más a gusto, en un trasatlántico moderno que en un palacio renacentista, y sostiene que un buen Hispano Suiza es una obra de arte muchísimo más perfecta que una silla de manos de la época de Luis XV.»

Evidente perífrasis de lo que Marinetti expresara en su primer manifiesto de 1909:

«Un automóvil de carrera, con su caja adornada de gruesos tubos que se dirían serpientes de aliento explosivo... un automóvil de carrera, que parece correr sobre metralla, es más hermoso que la Victoria de Samotracia.»

En *Prismas*, de González Lanuza (1925), pueden señalarse resabios de la estética futurista en cierta propensión a las imágenes que valoran un mundo dominado por el maquinismo, y en tal o cual audacia tipográfica que no pasa, por lo demás, de tímido remedo del revolucionario *manifiesto técnico* que Marinetti publicara en 1912. Así, por ejemplo, en el «Poema de las fábricas»:

*Los gritos encadenan
un instante con todos los
instantes*

*trajín apretujado
mil prisas se penetran*

*Pistones
bielas
émbolos*

*El alma
sueña con engarzar los horizontes.*

*En la carne de fuego
trepidan las centurias*

CALDERAS

*prolijidad exacta
El manómetro
es el pulso de la
fábrica.*

La presencia del propio Marinetti en Buenos Aires, en el año 1926, promueve una notable expectativa. *Nosotros*, saluda al autor de *Mafarka, el futurista*, con la publicación de uno de sus poemas. Igual actitud se sigue en los suplementos literarios de la prensa de mayor prestigio y de mayor tiraje. Pero son los escritores jóvenes y especialmente los agrupados en torno a las tendencias de Florida y de Boedo, los que registran con más aguda sensibilidad la presencia de Marinetti. La gente de *Florida* lo agasajó en el singular estilo martinfierrista, con sus puntas de sorna y admiración implícita al viejo luchador, morigerado a la sazón por el empaque de la Academia; los de *Boedo* no podían escindir al escritor del prominente dirigente fascista; denunciaron a éste, sin que se dejara de advertir el respeto que les merecía aquél. Salas Subirat, * en un breve trabajo titulado «Marinetti. (Un ensayo para los fósiles del futurismo)», ilustra bastante bien esa doble vertiente valorativa:

«No escapa a nuestra prevención que para la posteridad tendrá escasa importancia la manifestación personal de Marinetti y quedarán como valiosas conquistas de nuestra época algunas de sus obras, del mismo modo que gran parte de la producción de D'Annunzio ha de ser siempre un exponente de belleza; ni la prepotencia de uno, ni el enfermizo egotismo del otro trascenderán de modo especial en el futuro. Mientras tanto, no podemos cerrar los ojos ante la manifestación morbosa y amoral de ambos hombres.»

Y formulará luego esta severa advertencia:

«Hace muchos años que Marinetti descubrió el Futurismo.
Estamos bien informados de lo que es y lo que puede dar.
Pero dudamos, y mucho, de la honradez de Mussolini.
Marinetti expresó claramente que su visita es exclusivamente artística.
Si en arte Marinetti no puede decirnos nada nuevo, ¿a qué vendrá?
Si no quiere hacer propaganda del amo de Italia,

* Recuérdese que Salas Subirat nos proporcionó, años más tarde, la primera versión en castellano del *Ulises* de Joyce. *(N. del E.)*

que también es futurista, de igual modo que
Marinetti es fascista, ¿qué lo trae a estas tierras »

Con todo propósito he omitido hasta ahora la mención de *Los Raros. Revista de orientación futurista*,
cuyo primer número aparece fechado en Buenos Aires
el 1.º de enero de 1920. Tanto la fecha como la
variedad de los datos consignados en este número
(el único de que tengo noticia), justifican sobradamente su exhumación y aunque de ella no se des-
prenda, en absoluto, un ajuste a los esquemas conocidos, puede enriquecer la imagen de los años en
que se introdujo la vanguardia literaria.

El director, y redactor prácticamente único de la
revista, es Bartolomé Galíndez, poeta prolífico, cultor
del énfasis y las formas suntuosas, a quien Borges,
en la humorística clasificación que propusiera en
1927 (*Nosotros*, «Página sobre la lírica de hoy»), ubica
en la «Escuela de la fina cursilería de Flores», junto
con Atilio García Mellid. Excluidos el *Manifiesto*, una
pequeña antología y una reveladora página de Eze-
quiel Martínez Estrada,[2] la revista se agota en un
largo y caótico artículo de 43 páginas, en las que
Galíndez enjuicia las nuevas tendencias. La preocupación principal del autor pareciera ser la de dar

2. «Lamentación», se titula, y en ella están ya presentes
ciertas características del estilo, y, fundamentalmente, una
actitud psicológica que con el tiempo adquiriría relieves paté-
ticos. Éstos son los párrafos iniciales:

«Verdaderamente, en verdad de realidad, ¡cuán lejanas
están las épocas, abandonadas sin tutela a una generación
petulante y siniestra, las épocas floridas de los bíblicos rap-
sodas!
»No solamente los habitantes, malos o malvados, que per-
turbaron los formidables designios; no solamente las leyes
con que legislan su existencia sombría..., sino las mismas
cosas, las mismas fuerzas, las mismas conciencias colectivas,
y las individuales, madres y raíces, han modificado hasta geo-
lógicamente la tierra, y este babélico planeta, agobiado por
una atmósfera humana, asfixiante para el sano pulmón, y por
el peso de millares de millones de hombres que viven empo-
trados, incrustados, en la humanidad que constituye la humanidad permanente —con alguna analogía al arquetipo esencial—, parece como que estuviera próximo a violentar su
órbita, y a rodar por el vacío, al son de una trompeta mila-
grosa.
»¡Épocas floridas de los profetas fuertes!»

cuenta del ultraísmo, escuela flamante de la que posee suficientes noticias, pero por la que no se muestra seducido. Para convalidar sus reservas, Galíndez saca a relucir el ejemplo del futurismo, cuyo vigor y brillantez resume todos los ismos en que se ha ido desgranando el afán de novedad y cambio: el *cubismo*, el *tactilismo*, el *simultaneísmo*, el *creacionismo*, el *ultraísmo*, finalmente. En realidad, Galíndez demuestra haber tomado conocimiento del futurismo de manera casi contemporánea a la del *ultra* de Sevilla. No otra cosa se deduce de las siguientes afirmaciones:

«Aquí, en nuestra América, poco se sabe de Marinetti. Fuera de algunos datos, de las noticias de los diarios, de las referencias de algunos escritores que aman estas sanas novedades, Marinetti era para todos el autor de *Le roi Bombance*, *D'Annunzio intime*, *Futurisme* y alguna que otra cosa más. Pero Marinetti es un trabajador infatigable, ambiciosamente infatigable. Buen *sportman*, buen excéntrico, buen conde italiano, hastiado de su castillo que conserva aún las pisadas del señor Duque de Ferrara. Tiene muchos libros publicados en lengua italiana y francesa. De los primeros puedo, hoy, señalar gracias a su amabilidad, además de los ya mencionados, a *La conquête des Etoiles*, poema épico, edición de la Plume, París; *Destructión*, poemas, Varnier, editor, París. *La Momie sanglante*, poema dramático. Edición del «Verde e Azzurro», Milano. *La Ville Charnelle* (cuatro ediciones), París. *Les Dieux s'en vont D'Annunzio reste* (once ediciones), Sansont, París. *Poupées électriques*, drama en tres actos, en prosa, París, y *Futurisme*. Algunos de sus libros se han traducido a varios idiomas. Se leen en italiano, en francés, en español, debido a la traducción de Germán Gómez de la Mata y Hernández Luquero; y en ruso (ediciones de «Prometeo», Saint-Petersbourg).»

Y aunque la nómina de obras se complete con la puntual mención de *Mafarka il futurista, la bataglia di Tripoli, Zan-Tumb-Tumb, L'aeroplano del Papa* y *Guerra sola igiene del mondo*, importa mucho más destacar la contundencia de este párrafo:

«Confieso que no conocía a Marinetti ni por sus hechos ni por sus libros. Conocíale a través de *Letras* como perfecto hombre de mundo, y por algunas referencias de escritores que, a la verdad, le conocerían tanto como yo. Hoy me encuentro en diferente situación con respecto a él.»

Con el deslumbramiento del neófito, Galíndez le atribuye al futurismo virtudes tan heterogéneas como las de representar un filtro contra los anacronismos, una universal aspiración de belleza, o la insinuación de «un completo socialismo, un perfecto bolshevikismo intelectual de actitud indefinida». Es natural que esta caudalosa y equívoca simpatía futurista, obligara al autor a restringir su entusiasmo por el ultraísmo español, con su soberbia presunción de colocarse más allá de todos los *ismos*. El *Ultra* será, sin duda, la escuela del porvenir; pero lo será una vez que pula sus extravagancias. «Los de *Ultra* deben cuidar su exaltación, calcular con seriedad su tendencia y enriquecer su devoción con la intensidad de los principios que sustentan. No está su éxito en hacer cosas incomprendidas...» Por lo pronto, hay que estar prevenidos:

«Calculad que la escuela llegue a difundirse y a tomar campo como la bohemia en Montmartre, el decadentismo en el Barrio Latino y el rubenianismo en Centro América, y pensad que a modo de resfrío nos inunde, aunque ya habíamos ensayado por aquí algo que sin ser *Ultra* es ultraico. Lugones en *Lunario sentimental*, pura cosecha laforguiana, documento curioso en nuestra literatura «francesa»; el vizconde Lazcano Tegui (eso de vizconde es de pacotilla) en *La sombre de la Empusa* y *El árbol que canta*, y aun yo en algunos trabajos de *Poemas* tales como «El verso futuro», «Liberto», «La divina canción», «Árbol», «Descansa viajero» y otros, habíamos, sin conocer la nueva escuela de Sevilla, hecho versos ultraicos, pero hasta cierto punto moderados.»

Señalar, en 1920, los rasgos ultraístas del *Lunario sentimental*, anticipando en varios años una de las hipótesis preferidas de Borges, es un dato menor para la historia literaria, o, si se quiere, simple lujo de la curiosidad. Mayor relevancia tiene el hecho de que *Los raros* anticipara algunos textos de poetas ultraístas, como Isaac del Vando Villar y Gerardo Diego, y adelantara con ellos la actitud de incomprensión que saludó al ultraísmo ejercitado en Buenos Aires desde 1921. «Esto, aunque no parezca, son poemas, poemas como suena. Reíos de los *Hilos enredados*, de Max Jacob; de los *Poemas árticos* de Huidobro, de las *Baladas francesas*, de Fort... Pero a esto lo daréis vuelta, lo pondréis de costado y, hay que confesarlo, seréis vencidos. Los poemas sevillanos guardan sus secretos.»[3]

El lector habrá advertido sobradamente que las fallas de información y una no resuelta aspiración a la coherencia, restan al artículo de Galíndez las condiciones necesarias para considerarlo un documento literario importante. Esas mismas imperfecciones le aseguran, sin embargo, la dosis mínima de ingenuidad como para suponer que registra fielmente lo que debió ser el impacto acumulativo de todas las novedades literarias vividas en Europa durante la guerra, en una sensibilidad adiestrada en cánones nunca más holgados que los permitidos por el modernismo. Oficialmente, para la historia literaria, se pasa de Lugones, Banchs y Fernández Moreno a Borges, González Lanuza y Girondo; pero debe entenderse que entre el *Romancero* y *Fervor de Buenos Aires* mediaron numerosos ensayos e infinitos fra-

---

3. Galíndez hasta ensaya una parodia del ultraísmo. Escribe dos poemas titulados, respectivamente «Noche» y «Día». El segundo dice así:

«*La ciudad ha dejado su levita de noche —y se ha puesto su guardapolvo blanco de farmacéutico—. La lengua del trolley de un tranvía, —va soboreando los macarrones del cable.*

»*Con la noche, el alfa, barba de la quinta, se ha llenado de rocío; —ya vendrá la buena, la buena navaja de la guadaña a afeitarla.*

»*El fonógrafo de las calles empezó a dar vueltas su disco. —La platea de las veredas se ha llenado de vendedores: —unos venden tumores de árboles y, otros, gritos sin precio.*

»*He recibido un radiograma de la luna: —está buena, aunque con un poco de jaqueca.*

»*En un aeroplano de 1.000.000 H.P. —Le envié algunos sellos de aspirina.*

»*Flammarión es un mentiroso.*»

casos, experimentados tanto en la mente de los poetas signados por el éxito, como en la de los anónimos inquisidores de la magia verbal. El artículo de Galíndez individualiza y recorta uno de esos experimentos. Y esto le otorga un valor testimonial nada desdeñable. Que lo diga, si no, la lectura del *Manifiesto*, manía vanguardista a la que Galíndez no pudo o no quiso escapar. Aquí se advierte con meridiana claridad el conflicto de lo nuevo y lo tradicional, de lo que el escritor asimila con lo que supera su capacidad de comprensión, de lo que es un galleo juvenil con las propuestas efectivamente innovadoras. Y se advierte, sobre todo, en grado monstruoso, la congestión de lecturas que suele atosigar el cerebro y la sensibilidad de los artistas e intelectuales de los países periféricos. La necesidad de poner «el reloj en hora», necesidad que, con mejor suerte, cumplirían algunos escritores de la generación de Galíndez. Transcribo los pasajes más significativos del *Manifiesto*:

«1. Amaremos la antigüedad desde Homero hasta Hugo, desde Shakespeare a Schiller, desde Plotino a Maeterlinck, desde Anfion a Beethoven y desde Fidias a Rodin. Tendremos un santo respeto a la antigüedad; pero, porque comprendemos que en la pared del *Quijote* imposible es colgar los retratos de todos los académicos, los olvidamos en un rincón.

»2. Seremos optimistas. Combatiremos el feminismo de los poetas, mala herencia del vinagre de la Francia. Creemos que la obra del artista debe ser sana y pura. Sin amar la risa desdeñaremos el llanto, que en el poeta como todas sus confesiones, es un egoísmo...

»3. Seremos universales y cosmopolitas en todo momento, e inquietos a toda hora. Lo mismo será para nosotros hallarnos frente a las Pirámides que a los Rascacielos, a los Circos que a las Columnas, a los Bazares de Argel que a los templos de la Acrópolis.

»4. Como los chinos glorificaremos el pensamiento, superior al sentimiento, por ser éste fruto de la sensibilidad, o sea de la materia...

»5. No creemos con Oscar Wilde, y los futuristas

del *Ultra,* que el Arte sea perfectamente inútil. En algunas ocasiones, el Arte hace que una ciudad no se convierta en escombros —citaremos a Venecia—, en otros, que un rey tiemble —citaremos a Napoleón III— y, por último, que una nación se inmortalice y una raza se haga ejemplo —citaremos a Grecia—. El Arte antiguo ha dejado para los Museos del Vaticano, del Louvre, de Florencia y de Londres, el carácter religioso, la belleza plástica y espiritual de la especie humana mil y más años anteriores a la Era Cristiana... Sabemos que la Belleza es la perfecta poesía, que el Arte es exquisitez y que el poeta, como ya lo ha dicho Marinetti en su manifiesto, "debe gastarse en color, brillo y prodigalidad, para aumentar el brillo entusiasta de los elementos primordiales". Desdeñaremos las cosas vulgares y sencillas, la literatura de aldea, las pequeñeces de nuestro alrededor; la filosofía para nuestro interior, y el Arte, la poesía por excelencia, para lo superior.

»6. No glorificaremos la guerra, higiene del mundo —"la peste reclama"—, como los futuristas del colegio de Alomar; pero glorificaremos al héroe de Carlyle. La espada de la lucha de Carpio y Rolando es bella; pero el cañón es horrible y las máquinas de guerra actuales, horrorosas. Aplaudiremos el paso de César con la levita de Monsieur Catule Mendès, y la marcha de un regimiento que lleve por bandera un ramo de rosas. Premiaremos el esfuerzo, cantaremos la gloria. No exaltaremos en el arte el paso gimnástico, ni otro deporte; pero como medida de energía le recomendaremos para después de hacer el arte. La nueva generación de artistas debe ser fuerte para que la obra nazca vigorosa.

»7. Cada cual concebirá su Dios; pero, porque sabemos que las religiones que tienen menos realidad, tienen más poesía, amaremos a Jehová junto a Budha y a Júpiter junto a Odín. Agregaremos a las Musas griegas una más: la mujer; y a Orfeo un compañero: Sancho Panza.

....

»11. Sutiles seremos. El Genio crea; el talento hace. Sin Crear, por lo menos intentaremos creacio-

58

nar, originándonos. Concisos seremos. Mataremos el anecdotismo poético y las confesiones baladíes, que a nadie interesan, sino al que las escribe; mandaremos al patíbulo al madrigal; guillotinaremos al soneto, y daremos de puñaladas al octosílabo. En cuanto a la elocuencia rítmica, le pondremos camisa de fuerza.

»12. El automóvil por su velocidad es útil; pero sería bello si tuviese figura de cisne, dragón, pavo real, tiburón o dinosaurio. Damos esta idea a sus mecánicos. El aeroplano nos encanta; pero reconocemos que la vida de los hombres es más preciosa que los tornillos de las máquinas y los motores de nafta. Sin embargo, declaramos que el desprecio al peligro es hijo de Ícaro y debe ser cantado. Y no olvidaremos la gloria de la hélice, ni la victoria del riel.

»13. Lo solemne sin ser macabro nos entusiasmará. Nos descubriremos siempre con respeto ante el sol. Y descendiendo de la montaña en la hora azul, iremos a contemplar el mar.

»14. No mataremos a la Luna: primero porque es un farol económico; segundo, porque tiene inverosimilitud de leyenda; tercero, nos advierte y sugestiona; cuarto, porque sin ser «paraíso artificial», es un excitante de los nervios.

»15. Los campos de trigo, los maizales, los terrenos llenos de árboles frutales, grandeza de la tierra y del hombre agricultor, enriquecen a las naciones que, a su vez, enriquecen las bibliotecas. Todos los poetas, desde Triptolemo, allá en el Eleusis, conocen el trigo y el campo fértil. Debe ser cantado.

16. Despreciaremos el alcohol, el opio, la morfina, cuya influencia en la poesía es señalada. En este sentido, Baudelaire se nos antoja un pobre hombre y De Quincey otro pobre hombre. Sin embargo, elogiamos la extravagancia personal, ya que apoyamos la estética sin reparos.

....

»18. Desterraremos la voluptuosidad exagerada, los vicios, todo lo que oculte la frase de Terencio. La voluptuosidad exagerada, puramente carnal, enferma las juventudes. En cambio, la voluptuosidad artística es belleza. Bello es un desnudo de gloria plástica. Bella es Venus brotando desnuda del Mar Egeo. El Arte no tiene pudor.

»Cada uno será crítico de su propia obra. Los demás que pasen. Abierta está la puerta. Un león de piedra los escucha...

»19. Formaremos el grupo del porvenir. PORVE-NIR. Nuestra obra será amplia. Prepararemos la generación sana, serena y enérgica del mañana. A nuestro alrededor latirán los artistas perfectos en alma y cuerpo. Cristo es grande, pero tan grande como Cristo es un niño que, defendiéndose, arroja piedras a un monstruo de lomos comidos por la lepra.

»20. Hombres seremos dos brazos abiertos bañados de sol.»

EDUARDO LÓPEZ MORALES
Borges: encuentro con un destino sudamericano

> «Quienes dicen que el arte no debe pro-
> pagar doctrinas, suelen referirse a doc-
> trinas contrarias a las suyas.»
>
> Jorge Luis BORGES: *El primer Wells*

Como todos los títulos, el de este trabajo se propone apresar y mostrar uno de los factores que creo
fundamentales a la hora de valorar la obra de quien
ha sido tildado de «europeísta» o «europeizante» con
una frecuencia digna de mejores causas.

Por supuesto, aclaro desde ahora que no intento
«demostrar» *en* Borges la esencia de algo así como
un paladín del sudamericanismo y, en especial, del
argentinismo. Como sabemos, el arte, a pesar y en
contra de lo que asuman «conscientemente» sus hacedores, no suele venir congelado en líneas doctrina-
rias. Su complejidad, que es su problemática, abarca
más, en tanto que denota la particular aprehensión
del ser humano: de ese individuo en múltiples relaciones con su historia, con su época y consigo mismo.

Este primer poemario * es particularmente significativo por varias razones: primero, Borges lo considera como su verdadero punto de partida, pues los poemas anteriores (fielmente ultraístas) no tienen para
él ninguna trascendencia, acaso, sustancialmente,
porque no son *suyos* en el sentido de una identificación idiomática e ideológica (la ortodoxia ultraísta
los «resta» o, aún mejor, los despersonaliza); segundo, porque las estructuras básicas que «definen» su
obra ya se hallan presentes, aunque con los naturales balbuceos; asimismo, los inconfundibles manejos
borgeanos de la palabra (muchos de los cuales darán
sus «manías» y «tics», como él muy bien señala) van
articulándose en esos nexos entre sustantivos y adjetivos, entre verbos alarmantes y predicados, que *per-
sonalizarán* un lenguaje eidético-estético de notable

---

* *Fervor de Buenos Aires (N. del E.)*

autonomía, en cuya raíz se revela una singular vocación lingüística, base estructural de una irreversible renovación de la lengua y el habla más en el plano de la forma que de la sustancia (puesto que de ésta han sido víctimas los «borgistas», especie mimética de la zoología fantástica de todas las literaturas); en suma, porque Borges se asienta en una cultura que responde, en última instancia, como recalcaba Engels, a una peculiar inmersión en el magma histórico: una cultura (y su hacer práctico) que sólo ha sido «alabada» o «denunciada» por sus signos externos, no por las fuentes internas que la provocan y conforman.

El propio Borges ha dicho:

«Un libro es más que una estructura verbal, o que una serie de estructuras verbales; es el diálogo que entabla con su lector y la entonación que impone a su voz y las cambiantes y durables imágenes que deja en su mente.

(...)

»El libro no es un ente incomunicado: es una relación, es un eje de innumerables relaciones. (Nota sobre [hacia] Bernard Shaw).»

En esta urdimbre de relaciones posibles, me intereso por algunas: las de este libro en particular y las que pueden señalar la trayectoria de dos individualidades conjugadas en una: el productor, el producto, Borges-mito, Borges-cierto y, acaso, el hombre.

El verso libre

Hace cerca de cuatro años, Georges Charbonnier entrevistó a Borges para la radiodifusión francesa.[1]

Entre las múltiples opiniones vertidas ante un inquisidor un tanto ignorante de su obra, le selecciono éstas:

1. *El escritor y su obra. Entrevistas de Georges Charbonnier con Jorge Luis Borges*, trad. Martí Soler, México, Ed. Siglo XXI, Colección Mínima Literaria, 1967.

«Verso libre designa, creo yo, un poema del que no se conocen las leyes, es decir, un poema cuya estructura está dada a la buena de Dios. Si usted hace un soneto, conoce su estructura por adelantado. En el verso libre no la conoce, pero la estructura está ahí. Creo que fue Mallarmé quien dijo que no hay ninguna diferencia entre el verso y la prosa; que, si se piensa un poco en el ritmo, si se piensa un poco en el oído, entonces se hacen versos, aunque se escriba en prosa.

(...)

»Yo, cuando empecé a escribir, cometí el error de empezar por el verso libre, creyendo que era más fácil. Más tarde encontré que era mucho más difícil (pp. 37-38).»

Algunos años antes había escrito («Los traductores de las 1001 noches»):

«Yo he sospechado alguna vez que la distinción radical entre la poesía y la prosa está en la muy diversa expectativa de quien las lee: la primera presupone una intensidad que no se tolera en la última.»

La contradicción reside más bien en el concepto y en las dificultades de un tipo de verso, que en la reconsideración de lo que es o lo que debe ser la poesía; máxime, si se tiene en cuenta que ya en el momento de dar esta última opinión, Borges ha ido derivando cada vez más hacia el verso isócrono, cuyos primeros atisbos se hallan en *Luna de enfrente* hasta las crecientes formas neoclásicas de su producción posterior.

En primer lugar, se observa que en *Fervor de Buenos Aires* los metros van desde el bisílabo hasta el verso de veintitrés sílabas. Sin embargo, los totales de frecuencias cierran la gama desde el heptasílabo hasta el pentadecasílabo con la suma de 775 versos, lo que hace el 91 % del total (850 versos). Los trece tipos de metros restantes sólo abarcan 75 versos, un obvio 9 %.

Un análisis más detenido de la gama de mayor frecuencia arroja los siguientes resultados:

Tipos de metros	Frecuencia	%
7	188	22
11	206	24
12	104	12
	498	58

Es decir, tres tipos de metros representan más de la mitad del total general (850). El resto de la gama, aunque es mucho menor que estos tres, supera notablemente a los trece tipos a los que me referí con anterioridad:

Tipos de metros	Frecuencia	%
8	24	2
9	83	10
10	50	6
13	51	6
14	39	5
15	30	4
	277	33

Sin duda, se trata de metros preferidos por la versificación española (por ejemplo, la lira), sobre todo a partir del reverdecimiento de la combinación del heptasílabo con el endecasílabo en las *Rimas* de Bécquer. Y es precisamente esta combinación la que predomina en los poemas que casi son regulares (desde un punto de vista métrico, desde luego): «Ausencia», «La noche de San Juan», «Forjadura», «Atardeceres», «Campos atardecidos» y «Despedida» (estos cuatro en sucesión). En ellos domina un peculiar aliento neosentimental, neorromántico, que niega en los hechos los presupuestos ultraístas que teóricamente sustentaba Borges por aquella época.[2] Por ejemplo:

2. Este aliento es la principal característica de *Fervor...*, en tanto que *no es* un poemario ultraísta, aunque conserve

> *¿En qué hondonada empozaré mi alma*
> *donde no pueda vigilar tu ausencia*
> *que como un sol terrible sin ocaso*
> *brilla, definitiva e inclemente?*

(«Ausencia»)

> *Para ir sembrando versos*
> *la noche es una tierra labrantía.*

(«Forjadura»)

> *Entre mi amor y yo han de levantarse*
> *trescientas noches como trescientas paredes*
> *y el mar será una magia entre nosotros.*

(«Despedida»)

Incluso, en «Campos atardecidos» hay dos versos que ejecutan una imagen que recuerda muy de cerca la más lograda de Casal en «Crespuscular»:[3]

> *El poniente que no se cicatriza*
> *aún le duele a la tarde.*

Por ahora, sólo puedo aventurar esta modesta conjunción de cierto nexo entre el heptasílabo y el endecasílabo con el tono poético predominante. Sin embargo, no se me escapa que un buen número de hechos métricos aún guardan celosamente sus secretos: ésa es la dificultad que le señalaba Borges a un metro que parece fácil, pero que es difícil, tanto para el poeta como para esa especie de «abominable hombre de las letras» que es el crítico. De todas maneras, puede inferirse que el verso libre de *Fervor de Buenos Aires* muestra ya una leve tendencia a nuclearse en patrones regulares, si consideramos que el endecasílabo será uno de los preferidos

---

aparencialmente sus pivotes: el verso libre y la metáfora. Como veremos, el ultraísmo de *Fervor...* ya es tangencial, no predominante.

3. «Como vientre rajado sangra el ocaso, / manchando con sus chorros de sangre humeante / de la celeste bóveda el azul raso, / de la mar estañada la onda espejeante.»

de Borges y el heptasílabo está en trance de «doblarse» para ser un alejandrino. El octosílabo será el hegemónico en momentos de acercamiento a las estructuras de la milonga en «Para las seis cuerdas» (Op-66).

Desde otro punto de vista, la apreciable frecuencia de terminaciones esdrújulas y agudas en los metros ocasiona que éstos, en una proporción apreciable, sean endecasílabos o heptasílabos o versos cercanos a estos polos (octasílabos, decasílabos o dodecasílabos). Como dato interesante hago notar que sólo hay ocho poemas sin terminaciones agudas o esdrújulas, y que de los treinta poemas restantes, cuatro sólo tienen terminaciones agudas y ocho, esdrújulas. Este hecho no deja de ser singular, en tanto que nuestra lengua, por su natural procedencia del latín vulgar, tiende a ser predominantemente llana, debido a la ostensible «caída» de las vocales inacentuadas internas.[4] No creo que esta presencia desconcertante sea el producto de una voluntad específica de Borges si nos atenemos al hecho de que el verso libre no requiere determinadas herramientas que aseguren una isocronía que ínsitamente rechaza. Acaso, pueda implicarse a la casualidad (el azar es también un tema borgeano) o a una cierta preferencia auditiva que venía a «afrentar» las tesis ultraístas.

Un ultraísmo en entredicho

A raíz de su regreso de Madrid y coincidente con los primeros poemas de *Fervor*..., Borges lanza, en unión de Guillermo Juan, Eduardo González Lanuza y Guillermo de Torre, la proclama ultraísta desde la revista *Prismas*. Su conclusión, como todos los manifiestos literarios habidos y por haber, reclama para sí el segmento áureo, la gran verdad «revelada»:

«Hemos sintetizado la poesía en su elemento pri-

4. Como se sabe las esdrújulas suelen conservarse en la Romania oriental (Retia oriental, Emilia, Rumania) ya que las vocales postónicas son más resistentes a la presión de la intensidad.

mordial: la metáfora, a la que concedemos una máxima independencia, más allá de los jueguitos de aquellos que comparan entre sí cosas de forma semejante, equiparando con un circo a la luna [evidente alusión a Lugones].

»Cada verso de nuestros poemas posee una vida individual y representa una visión inédita. El ultraísmo propende así a la formación de una mitología emocional y variable. Sus versos, que excluyen las palabrerías y las victorias baratas conseguidas mediante el despilfarro de palabras exóticas, tienen la contextura decisiva de los marconigramas.» [5]

El ataque a Lugones pretendía ser en su propio campo de batalla: el lenguaje, pero los jóvenes desafiadores recurrían a armas melladas de antemano, porque preconizaban la simple sustitución (aunque ellos no lo creyeran así) de una forma de «hacer» metáforas por otra: de una literatura «literaria» (estereotipada, vale decir, deshumanizada) a una literatura vergonzantemente «literaria», en el sentido de que sólo asumía un vocabulario desarticulado que se suponía «moderno», factual, cuando, en rigor, no pasaba de ser una pirotecnia sin trascendencias, ajena sustancialmente al verdadero hombre contemporáneo, ese que supo expresar y cuajar como ninguno Vallejo. Por lo demás, el «viejo» Lugones ya estaba transitando desde 1910 (Odas seculares) hacia una poesía sencilla, de contenido patrio, muy personal y humano, a pesar de que ideológicamente involucionara hacia una especie de fascismo sudamericano. Desde luego, los jóvenes no podían presumirlo, pero Lugones sería el poeta de Romancero (1924), Poemas solariegos (1927) y sus finales Romances de Río Seco (1938).

Es sabido que Borges ha reconsiderado la personalidad de Lugones y que ha tomado la dirección contraria: de la injuria al elogio; que una buena cantidad de críticos estima que Borges ha desandado el

5. Cit. por Guillermo Sucre: Borges, el poeta, México Ed. UNAM, 1967, pp. 30-31. (Además de Prismas, el grupo editó Proa y Nosotros hasta que Martín Fierro explicitó el nuevo factor —signo de negación a la larga— que Borges añadía al movimiento: el criollismo.)

camino para irse justificando a sí mismo, ya que se sabe por la misma vía, etc. No obstante, y sin perjuicio de apuntar una aparencial similitud, no creo que su «caso» sea el de Lugones (a menos que se considere la variante política, que, como veremos, tampoco es equiparable), porque las estructuras verbales borgeanas no han experimentado un vuelco absoluto, sino una evolución adivinable desde *Fervor de Buenos Aires* con cambios eidéticos y estéticos enmarcables dentro de un campo cultural concreto: no ha habido un estatismo, pero tampoco un giro de 360 grados.[6] Las maneras ultraístas no dejan de ser eso: maneras, brotes, y no una conciencia ortodoxamente articulada como en el primer Huidobro. Así, en «Barrio reconquistado» se inicia en el tercer verso una sucesión de metáforas que tratan de definir un temporal: «hasta que pavoroso en clamor/ y dolorido en contorsión de mártir/ se derrumbó el complejo cielo verdoso:/ en desaforado abatimiento de agua y de sombra». La ineficacia poética es evidente, y sólo se salva por los versos siguientes, precisamente, los que se alejan de la parafernalia ultraísta. En «Arrabal», el corte es realmente ostensible: los últimos cinco versos, de raigambre coloquial, deípticos, no sólo son los perdurables, sino además los que contribuyen a definir ideológicamente el poemario.

«Vanilocuencia» es un rotundo mentís a las tesis ultraístas, en tanto que aflora el principio romántico de la inefabilidad del mundo: demasiado hermoso para ser apresado en las reducidas palabras (piénsese que éste era un tema recurrente en Bécquer). Son las *cosas* que extrañan al poeta, que sabe que debe nombrarlas, pero teme la captura verbal por ineficaz: toda una línea de la metafísica lingüístico-poética:

La ciudad está en mí como un poema
que no he logrado detener en palabras.

6. Leopoldo Marechal (por supuesto) tiene una opinión contraria a ésta: v. la entrevista que le hizo César Fernández Moreno para *Mundo Nuevo*, núm. 18, París diciembre de 1967, pp. 60-61. En la propia revista viene otra entrevista de CFM a Borges, pp. 5-29.

A un lado hay la excepción de algunos versos;
al otro, arrinconándolos,
la vida se adelanta sobre el tiempo,
como terror
que usurpa toda el alma.
Siempre hay otros ocasos, otra gloria;
yo siento la fatiga del espejo
que no descansa en una imagen sola.
¿Para qué esta porfía
de clavar con dolor un claro verso
de pie como una lanza sobre el tiempo
si mi calle, mi casa,
desdeñosas de plácemes verbales,
me gritarán su novedad mañana?
Nuevas
como una boca no besada.

En cambio, compárensen los primeros ocho versos, horriblemente ultraístas, de «Amanecer»:

En la honda noche universal
que apenas contradicen los macilentos faroles
una racha perdida
ha ofendido las calles taciturnas
como presentimiento tembloroso
del amanecer horrible que ronda
igual que una mentira
los arrabales desmantelados del mundo.

Sin embargo, acto seguido Borges comienza una de sus después acostumbradas especulaciones «filosóficas» (un platonismo sazonado por Berkeley; Schopenhauer, un, para mí, Fichte inmerso y una buena dosis de escepticismo juguetón), que configuran el tema central de muchas de sus «ficciones», sobre todo, a partir del verso veintisiete: «Si están ajenas de sustancia las cosas/ y si esta numerosa urbe de Buenos Aires/ equiparable en complicación a un ejército/ no es más que un sueño/ que logran en compartida magia las almas,/etc.» O, por ejemplo, en «Caminata»: «Yo soy el único espectador de esta calle,/ si dejara de verla se moriría.»

La ortodoxia ultraísta repele estas «subjetividades» en nombre de una realidad creada sobre la base de la palabra, en no muy velada competencia con la *otra* realidad: ya sea la «rosa», el «avión» o el hombre enajenado de y por) su propio lenguaje. Es más: Borges no sólo «incluye» sus especulaciones sin el menor atisbo de rubor:[7] sino que se permite resumir su idea central en lo que llamo, a falta de otro término en mi despensa, «epílogo»: por ejemplo, los tres últimos versos de «La Recoleta»; los ocho últimos de «El jardín botánico» que traen bruscamente a la realidad concreta la meditación del poeta y del lector; los ocho significativos versos que cierran «Rosa» y así sucesivamente (v. «La guitarra» y «Caminata» en particular). En otros términos: el «epílogo» cierra la idea del poema, resume lo que se quiere decir, a pesar de la aparente contradicción con lo precedente, como es el caso de «El jardín botánico»: la estructura verbal está en función de un pensamiento (sea especulativo «puro» o simplemente sentimental), sin perjuicio de que las palabras tengan su autonomía, pues se usan *éstas* no «otras». En suma: la importancia que Borges concede a sus «epílogos» es tal que en «Cercanías» objetiva una declaración de principios que niega teóricamente al ultraísmo:

> *He nombrado los sitios*
> *donde se desparrama la ternura*
> *y el corazón está consigo mismo.*

Es decir, se explicita la voluntad denotadora, deíptica (aunque Borges no estuviera totalmente consciente de ella en ese momento): no se han «creado» los sitios, se les ha dado nombre, *su nombre; patios, ventanas, rejas, encrucijadas, alcobas, calles.* Es la misión sustantiva del poeta, de la cual se siente cada vez más consciente: en *Luna de enfrente* (1925) dirá «Casi juicio final» (p. 96).

---

7. «El truco» puede ser considerado como su primer poema netamente «filosófico». No es una casualidad que aparezcan estos versos: «y una creación risueña / va poblando el tiempo usurpado / con los brillantes embelecos / de una mitología criolla y tiránica».

«He atestiguado el mundo; he confesado la rareza
del mundo.
(...)

»He santificado con versos la ciudad que me ciñe:
la infinidad del arrabal, los solares.
»En pos del horizonte de las calles he soltado mis
salmos y traen sabor de lejanía.
»He dicho asombro de vivir, donde otros dicen
solamente costumbre.»

Años más tarde, confesará su «error» al querer
otorgar otros nombres a la luna, pues:

> *Sé que entre todas las palabras, una*
> *Hay para recordarla o figurarla.*
> *El secreto, a mi ver, está en usarla*
> *Con humildad. Es la palabra luna.*

(«La luna» en *El otro, el mismo*, OP-66, p. 190)

Esta deixis, que se acusará progresivamente en
Borges (y, sobre todo, en Vallejo) como señal pre-
monitoria de las nuevas líneas de la poesía, no
supone que el poeta sea el coadjutor de la «provi-
dencia» ante la realidad innominada. Por el contrario, es la captura creadora y esencial de la palabra
(y de los sintagmas estructurados sobre su base)
que se *ejerce,* en tanto que *discurso poético:* no hay
palabras-vedadas y palabras-púdicas para la poesía:
todo es de su reino; de ahí que *luna* sea la justa
y no «marfil», «plata» o sus anexos. Se rompe el
foso entre el habla «común» y el habla-sólo-para-la-
poesía. Y esto es ya, en sí mismo, un notable ensan-
chamiento del léxico literario: y aún más, de la semántica ínsita del signo, que puede conjugarse en los
múltiples nexos de sus estructuras «recónditas» con
sectores de la realidad. Es el *quid* de las asociaciones
insólitas de sustantivos y adjetivos, de verbos y predicados. Por supuesto, no significa la negación de la
metáfora en general, sino de una manera de instru-
mentarla; por la simple razón de que el «lenguaje»
tópico es parte sustancial de la lengua, aunque Juan
Bautista Vico supusiera que esta «pobreza de los ha-
blares» finalizaría con el advenimiento de un reperto-

71

rio insospechado de palabras para cada cosa. Aquí se da la contradicción formal entre la palabra justa a partir del habla, y la «palabra justa» a partir de una epistemología radicada en un léxico infinito. Sin embargo, la *justeza* sólo es posible, porque se sabe que se trabaja con *límites:* el de la finitud de la palabra-cuantitativa (el número disponible) que es, al mismo tiempo, el parámetro de la comunicación con el interlocutor, en tanto que se asienta en un sistema, en un código, arbitrario y convencional, y el poeta no puede crear estructuras ininteligibles que requieran un «apéndice», una nueva jerga reiniciable a cada nueva obra (sea el poema, sea el libro). Entonces, *luna* es la justa no porque sea la única combinación fonemática que apodere y exprese la realidad de nuestro satélite,[8] sino porque *está ahí*, en el diccionario, aún mejor, en el habla cotidiana.

Claro está que no olvido las especulaciones borgeanas acerca de los arquetipos (platónicos) y su reversión idiomática: el repetido tema del gran libro del universo, etc. Pero creo, con Marx, que la práctica es el criterio de la verdad; y la práctica literaria de Borges niega sus especulaciones, motivo más de sus escepticismos que de sus creencias.

Entre la vacilación romántica de la inefabilidad del mundo y la voluntad de expresarse *por medio* de la palabra, triunfa ésta, pero como *discurso poético* (con *estas* palabras), no como asunción definitiva del universo (o de un sector de él) en forma de poema, que era la esencia del ultraísmo en la supuesta «transferencia» de la realidad concreta a la realidad verbal. Este triunfo es un enriquecimiento de las posibilidades sintácticas, fonológicas y *semánticas* de la palabra *disponible*, en cuyas estructuras se personalizará lo que he llamado autonomía, y que sólo es factible de entender sobre la base de la in-

8. En cierto sentido, ésta es la argumentación de Cintio Vitier en las pp. 63-66 de «Sobre el lenguaje figurado» en *Poética*, La Habana, Ed. Imprenta Nacional, 1961: «para las realidades que persigue la poesía, no hay otro nombre que el que ella les da. Y se lo da no para embellecerlas sustituyendo el suyo propio, que en rigor no existe hasta entonces, sino para crear un nuevo lenguaje inmediato, directo y necesario. Las traslaciones de sentido, los tropos, no implican aquí sustitución sino apoderamiento de una realidad virgen».

terrelación dialéctica de la lengua y el habla personal del poeta: el Borges-cierto que se impone al Borges-mito en el plano lingüístico.

Un destino sudamericano

En 1943, Borges escribe «Poema conjetural» (OP-66, p. 147) a modo de reconstrucción poemática (también es una «ficción») de la muerte del doctor Francisco Laprida. El verso veintidós comienza:

Yo que anhelé ser otro, ser un hombre
de sentencias, de libros, de dictámenes,
a cielo abierto yaceré entre ciénagas;
pero me endiosa el pecho inexplicable
un júbilo secreto. Al fin me encuentro
con mi destino sudamericano.

No hay que ser demasiado suspicaz para percatarse de que ese pensamiento «conjetural» es una asunción de destino. El «hombre de letras» muere en la trama como *hombre de acción*. Los antepasados guerreros de Borges se le asientan y lo encorajan, *pero* sólo en el poema, porque él no puede sentir ese *júbilo secreto*. Es una añoranza digna de considerarse, a pesar de que también es una *mitología*.

Sin embargo, Borges no encuentra su destino sud-americano (por boca de Laprida) en 1943. Veinte años antes inicia su primer poemario con «Las calles». En sus primeros doce versos dice:

Las calles de Buenos Aires
ya son la entraña de mi alma.
No las calles enérgicas
molestadas de prisas y ajetreos,
sino la dulce calle de arrabal
enternecida de árboles y ocaso
y aquéllas más afuera
ajenas de piadosos arbolados
donde austeras casitas apenas se aventuran
hostilizadas por inmortales distancias
a entrometerse en la honda visión
hecha de gran llanura y mayor cielo.

¿Por qué a la llegada de Europa añora un Buenos Aires que se esfuma, que más bien pertenece a una imagen finisecular? ¿Por qué ese aliento poético sensiblemente cercano a la milonga sentimental? ¿Por qué ese corte epistemológico y estético en «Arrabal», cuyos cinco versos finales niegan el ultraísmo de los versos precedentes?

> y sentí Buenos Aires:
> esta ciudad que yo creí mi pasado
> es mi porvenir, mi presente;
> los años que he vivido en Europa son ilusorios,
> yo he estado siempre (y estaré) en Buenos Aires.

Obviamente, no se trata de un desconocimiento de la factualidad de la gran capital, que ya era: «esta numerosa urbe de Buenos Aires/ equiparable en complicación a un ejército» («Amanecer»). Ni siquiera, el edulcoramiento de una visión de postal, pues en los diez últimos versos de «Benarés» expresa lo que, sin duda, puede caracterizarse como una honesta aprehensión de las realidades concretas de la «numerosa urbe», aprehensión que choca contra el esquema (que en cierto modo él ha contribuido a levantar) del «desasido»:

> (Y pensar
> que mientras juego con inciertas metáforas,
> la ciudad que canto, persiste
> en un lugar preciso del mundo,
> con sus visiones ineludibles y fijas,
> repleta como un sueño,
> con agresiones de injuriosa miseria,
> con arrabales y cuarteles
> y hombres de labios podridos
> que sienten frío en los dientes.)

He aquí un camino que Borges no siguió, porque sus imbricaciones clasistas se lo impedían; máxime, cuando era ideológicamente incapaz del «suicidio», en tanto que miembro de una clase, para incorporarse a esos «hombres de labios podridos» que sí supo asumir Vallejo. Sin embargo, la raíz del joven puede más *(en estos versos)* y le arranca una emoción «insólita».

Pero no es ésta la dirección de su destino sudamericano, pues pretende fabricar el mito de una ciudad congelada, a la vez que reivindica para sí las hazañas libertarias de sus antepasados. Esta genealogía histórica responde a una necesidad ideológica: reafirmar en sí «lo argentino» en busca de una identificación «nacional». Y esto es así, porque en el individuo Borges confluyen dos tendencias «nostálgicas»: la de una generación patricia que había usufructuado un poder indiscutido y la de una nueva generación, de raíz extranjera, que, a falta de mitos propios (puesto que sus antecesores *no han hecho* la nación), se inventa una ciudad-país, precisamente, la ciudad que sus padres *han conquistado* después del desafío del «aluvión inmigratorio». Proceso que muy acertadamente sumariza Juan Carlos Portantiero:[9]

«El inmigrante (en el período que va desde 1880 a 1910, arribaron más de dos millones de ellos que se asentaron, especialmente, en Buenos Aires y en el área de 300 kilómetros que rodea al puerto), constituyó la base demográfica de esos nuevos agrupamientos que alrededor de 1920 pugnan por lograr el control de la vida social argentina. También por esos años los hijos de esos inmigrantes comienzan a constituir una parte apreciable de la clientela estudiantil del país. Estos primeros descendientes nativos del gringo comerciante o artesano serán médicos, abogados, profesionales. También escritores y poetas (p. 117).»

Analizando posteriormente las diferencias sustanciales entre los descendientes de los patricios y los hijos de los inmigrantes:

«La lucha de nuestra cultura es una lucha perpetua por arraigarse a un suelo fragmentario, poco sólido,

9. V. «La soledad de la generación del 22» en *Realismo y realidad en la narrativa argentina;* Buenos Aires, Ed. Procyon, 1961, pp. 115-124.

sin pasado; es decir, sin natural continuidad. Los hombres de 1837 fueron quienes por primera vez anotaron esta contradicción fundamental: sin nación no puede haber cultura. Y como operaban con un instrumento racional, como la simbiosis escritor-hombre político no se había quebrado, no cayeron en la desesperación ni en la soledad. La soledad (...) que preocupaba a Alberti o a Sarmiento era una soledad que derivaba del desierto, del atraso. Era, en última instancia, una soledad del hombre frente a la naturaleza, no una soledad del hombre frente a otros hombres (p. 122).»

«El 22 no intenta el camino de la tradición preinmigratoria para buscarse un arraigo. Pero en cambio busca congelar un nuevo testamento de esa tradición: nace la mitología de Buenos Aires, el compadrito, la realidad que se *esfuma*. (...) Y si Lugones había "descubierto" al *Martín Fierro* años atrás, Borges escribe un libro sobre Evaristo Carriego, o mejor, usa a Evaristo Carriego para evocar a un Buenos Aires que se deshacía como ceniza. Era una manera de aferrarse a las raíces, de encontrar el origen de cada cosa. El escritor necesita la posesión entrañable de una realidad, que es como decir de una cultura. Si no la tiene a mano, la inventa (p. 123).»

Sin embargo, Portantiero comete un pequeño olvido: siete años antes de *Evaristo Carriego*, Borges ha publicado *Fervor de Buenos Aires*.

Este poemario está consagrado, en su mayor parte, a la *ciudad que se fue*, donde los acentos criollistas cuajaban en el cuchillero, los mitos domésticos, el pastito: en fin, en el borde simbiótico de la ciudad y el campo que se percibía a breves pasos de los arrabales: «Según va anocheciendo/ vuelve a ser campo el pueblo» («Campos atardecidos»). El título de cada poema sugiere un recorrido por los pequeños sitios: en primer lugar, la calle, el patio, la sala, el jardín, los muebles; después, el barrio, el cementerio, la plaza, el sur, la carnicería; y junto a esto, los paseos, la ternura, el amanecer, la emoción contenida del amor, etc. No obstante, aparece ya un nuevo personaje cosmogónico (por su aptitud de abarcar una época en su individualidad) que *no es* el compa-

drito: son gentes que «hicieron la patria»: el coronel
Isidoro Suárez («mi bisabuelo») y el «nombre fami-
liarmente horrendo» de Rosas que, pese a haber sido
un tirano, también pertenece a la historia según la
versión de Borges:

> creo que fue como tú y yo
> un azar intercalado en los hechos
> que vivió en la cotidiana zozobra
> e inquieto para felicidades y penas
> la incertidumbre de otros.

(«Rosas»)

Por tanto, se manifiestan las dos tendencias que
continuarán su afloramiento de tal modo que, en
todos los poemarios siguientes, no habrá un momento
en que esté ausente: por un lado, la mitología
«pura» del arrabal, especie de síntesis del Buenos
Aires *querido* (recuérdese el ejemplo, para un consumo masivo, en la persona de «Carlitos» Gardel); y,
por el otro, la magnificación del patricio, del hacedor de familias con historia propia, nacional: el
general Quiroga, el coronel Francisco Borges, Sarmiento, quienes hallan su contrapartida, una vez
más, en Juan Muraña, Isidoro Acevedo, Saverio Suárez, Jacinto Chiclana, los Iberra, Nicanor Paredes, es
decir, los *otros* hacedores de la suma eidético-nacio-
nal borgeana.

La necesidad ideológica de encontrar un asidero
nacional compulsa una fundación *mitológica* de Buenos Aires [10] en el propio Palermo: allí mismo, en su
barrio, en el neto magma de la clase patricia (una
suburguesía neocolonizada por el germinante imperialismo inglés), no «en la Boca», lugar que sería
de inmigración, de los *gringos*. Es en este sentido
que Borges se diferencia sustancialmente de su ge-

---

10. «La fundación mitológica de Buenos Aires» es el primer
poema de *Cuaderno San Martín* (1929). En la edición de 1966,
Borges hace un cambio verbal que se le convierte en desa-
cierto: «mítica». Por demás, las enmiendas que va haciendo,
pues el espíritu neoclásico de su última fase poética (la actual)
a medida que se suceden las ediciones restan más que añaden,
perturban la materia y la forma de su creación. Es un caso
que creo similar al de José María Heredia: las trazas ideológicas también pueden equipararse.

neración: él puede asumir una ciudad-país y, a la vez, un *país*, una tradición «sudamericana» que requiere ser preconizada y revivida por lo urgente, por lo inaplazable de su radicación:

«Yo afirmo —sin remilgado temor ni novelero amor de la paradoja— que solamente los países nuevos tienen pasado; es decir, tienen historia viva. Si el tiempo es sucesión, debemos reconocer que donde densidad mayor de hechos hay, más tiempo corre y que el más caudaloso es el de este inconsecuente lado del mundo.»

(*Discusión*, 1932)

Aunque coexista en determinados momentos la fría comprensión intelectual (una especie de distanciamiento epistemológico) de que todo «eso» es *mito*, lugar para encubrir un vacío existencial:

«Yo creí, durante años, haberme criado en un suburbio de Buenos Aires, un suburbio de calles aventuradas y de ocasos visibles. Lo cierto es que me crié en un jardín, detrás de una verja de lanzas, y en una biblioteca de ilimitados libros ingleses.»

(*Evaristo Carriego*, ed. de 1963)

No puede esperarse que Borges mantenga una línea inalterable de raciocinio, porque es autor y víctima de una ideología trasvasada en mito, no de un saber científico objetivado en su correspondiente praxis.[11]

Asimismo, las contradicciones de su posición política, que va de un determinado tipo de liberalismo (más o menos coincidente o disidente con la posición de la suburguesía argentina) hasta la reacción desembozada, son el fruto de su imbricación clasista. Sobre esta base hay que juzgarlo, y no en nombre de una ética eterna muy controvertible. La esencia de su trayectoria no ha cambiado sustantivamente, lo único que las direcciones del pensamiento político latinoamericano lo han ido sobrepasando, mientras

11. Y, desde luego, tampoco hay que glorificar la inapelabilidad del saber científico, pues, de pronto, nos encontraríamos abrazando la huidiza verdad absoluta, tarea nada recomendable.

él prosigue su natural solución de continuidad, acentuada por el envejecimiento mental y físico: el caso del progresismo de Enrique José Varona, * a contrapelo de su edad y gracias a una juventud reincorporada de pensamiento, es excepcional.

Las impugnaciones que ha recibido su «europeísmo» tienen una base poco acertada, por no decir subdesarrollada, pues se le niega a un hombre latinoamericano la vía de la especulación y la ficción (en la acepción borgeana) bajo el pretexto del extranjerismo. ¿Acaso esto podría significar que los «nativos» deben balbucear en espera de las señales de «siga usted» de las metrópolis culturales, quienes se arrogan el derecho de establecer los límites del qué, cómo, cuándo y dónde pensar? ¿No es ésta, justamente, la fuente del azoro europeo ante un sudamericano que puede ser más ingenioso que un escritor francés, sueco o inglés? Evidentemente, los términos han sido mal planteados.

El parámetro que sugiere (y que he puesto en práctica) para enjuiciar la conducta social, política y estética de Borges no está hecho de la fibra del «perdón», sino de la valoración dialéctica de sus fronteras clasistas. Ésa es también su cultura, la que hay que tamizar en virtud de sus hallazgos estéticos y lingüísticos, porque el marxismo nada tiene que ver con esa operación cómplice de rellenar el «vertedero de la historia». Desechar, sí, la cobertura ideológica que ha sido su coraza protectora, su juego y su burla, no las estructuras verbales que han ampliado el horizonte de la lengua general en la que habrán de expresarse cada vez más los explotados en la medida que realicen la revolución y, con ella, la gran tarea cultural, el verdadero destino sudamericano, latinoamericano.

Entretanto, saber que ese fervor de 1923 se mantiene, porque su clase mirará ininterrumpidamente al pasado, aquellas fechas que fueron su hegemonía no discutida. Borges, desconociendo las enseñanzas de las bibliotecas, ha vuelto la cabeza, y su cuerpo se va haciendo estatua de sal: la sal nostálgica de una ciudad-mito:

* Escritor y político cubano. *(N. del E.)*

Han cambiado las formas de mi sueño
ahora son laterales casas rojas
y el delicado bronce de las hojas
y el casto invierno y el piadoso leño.
Como en el día séptimo, la tierra
es buena. En los crepúsculos persiste
algo que casi no es, osado y triste;
un antiguo rumor de Biblia y guerra.
Pronto (nos dicen) llegará la nieve
y América me espera en cada esquina,
pero siento en la tarde que declina
el hoy tan lento y el ayer tan breve.
Buenos Aires, yo sigo caminando
por tus esquinas, sin saber por qué ni cuándo.

(*Cambridge*, 1967.) [12]

BIBLIOGRAFÍA
Entrevistas

El escritor y su obra. Entrevistas de Georges Charbonnier con Jorge Luis Borges; trad. Martí Soler; México, Ed. Siglo XXI, Colección Mínima Literaria, 1967.

César FERNÁNDEZ MORENO, «Harto de los laberintos», en *Mundo Nuevo*, París, núm. 18, diciembre de 1967, pp. 5-29.

Rafael CANSINOS-ASSÉNS, *Verde y dorado en las letras americanas*, Madrid, Ed. Aguilar, Colección Crisol, 1947.

Roberto FERNÁNDEZ RETAMAR, «Situación actual de la poesía hispanoamericana», en *Papelería*, La Habana, Ed. Universidad Central de Las Villas, 1962, pp. 9-38.

—, «Antipoesía y poesía conversacional en América Latina», en *Panorama de la actual literatura latinoamericana*, prólogo de Mario Benedetti, La Habana, Ed. Casa de las Américas, Centro de Investigaciones Literarias, 1969, pp. 251-263.

Juan Carlos GHIANO, «Borges y la poesía», en *Cuadernos Americanos*, México, núm. 1, vol. LXXXV, enero-febrero 1956, pp. 222-250.

12. «New England, 1967», en *Nueva antología personal*, Buenos Aires, Ed. Emecé, 1968, p. 59. En la p. 10, Borges dice que sus temas habituales son «la perplejidad metafísica, los muertos que perduran en mí, la germanística, el lenguaje, la patria, la paradójica suerte de los poetas»: una buena explicitación que ahorra más de una «inquisición».

Juan Carlos PORTANTIERO, *Realismo y realidad en la narrativa argentina*, Buenos Aires, Ed. Procyón, 1961.

Ernesto SÁBATO, «En torno de Borges», en revista *Casa*, La Habana, núms. 17-18, marzo-junio 1963, pp. 7-12.

—, *Sobre héroes y tumbas*, La Habana, Ed. Casa de las Américas, Colección Literatura Latinoamericana, 1967, pp. 227-234.

Guillermo SUCRE, *Borges, el poeta*, México, Ed. UNAM, 1967.

Rodolfo WALSH, Francisco URONDO, Juan Carlos PORTANTIERO, «La literatura argentina del siglo XX», en *Panorama de la actual literatura latinoamericana*, prólogo de Mario Benedetti, La Habana, Ed. Casa de las Américas, Centro de Investigaciones Literarias, 1969, pp. 193-210.

Jorge Luis BORGES, *Fervor de Buenos Aires*, en *Poemas* (1923-1953), Buenos Aires, Ed. Emecé, colección Obras completas, 1954, pp. 9-68. También utilizaré esta edición para los poemarios *Luna de enfrente* y *Cuaderno San Martín*. Para los poemas posteriores, agrupados bajo los títulos «El otro, el mismo» y «Para las seis cuerdas», utilizaré la última edición de sus poemas: *Obras poéticas* (1923-1966), Buenos Aires, Ed. Emecé, colección Obras completas, 1966, que en adelante identificaré por OP-66.

ENRIQUE LIHN
El lugar de Huidobro

Hay que olvidarse de las imágenes circulantes de
Vicente Huidobro y descubrir su verdadero rostro.
Una cara que nos es, de modo especial a los chilenos,
instintivamente familiar. Sí, la de uno de nuestros
tres o cuatro grandes poetas modernos, conviene de-
jarlo establecido; pero haría falta acaso ver a Huidobro por primera vez para reconocerlo por encima de los apólogos, de las generalidades de manual o
de los raros estudios especializados de que ha sido
objeto. Todo lo que aquí se diga será una primera
aproximación a esta imagen distanciada del poeta
que quisiera captarlo en su realidad de verdad y en
su verdadero irrealismo, y poner en relación las
observaciones que surjan de este encuentro con las
características de su escritura.

Trabajar con Huidobro, abordarlo como tema, es
trabajar contra esas imágenes de Huidobro a las que
me referí al comienzo. En primer lugar, está su
autorretrato, que tiene todo el aspecto de ser una
gran mistificación. Ese autorretrato cubre las tres
cuartas partes de una obra escrita en primera persona; es una abstracción personificada. Sus rasgos fa-
vorecen al mito en que su autor prefería encarnarse.
Y no sólo por una cuestión de vanidad personal. El
poeta, adoptando en esto el estilo de la época, se iden-
tifica con uno de esos seres excepcionales que las literaturas de vanguardia pusieron a la orden del día.
Huidobro parece haber sido una persona sumamente
vanidosa, pero sólo lo es literariamente cuando su
obra decae, y el «yo egolátrico» que campea en ella
se torna autobiográfico, prueba a poner su corazón
al desnudo, confiesa.[1] En cambio su poesía más

1. Lo mejor de *Vientos contrarios* es la «Confesión in-

lograda —y esto es lo que habría que examinar culturalmente, pues da también la medida de la distancia a que nos encontramos, en este momento, de Huidobro— está centrada y gira continuamente en torno a la idea de una misión espectacular del poeta que «crea fuera del mundo que existe el que debiera existir».[2] Uno siente, a ratos, la especie de voluptuosidad con que la vanidad infantil de Huidobro juega con esa idea o con esa presunción, y su alegría de entrar a un poema como al escenario de un ritual para hacer surgir de la nada ese mundo que debiera existir, investido de poderes mágicos. En las cimas de su poesía, por lo demás, es donde la relación entre la seriedad y el juego se afina y se atempera mejor. En otros contextos el humor de Huidobro resulta un poco obvio, su ironía de inmoralista, externa y estercotipada. En la primera estrofa de «Monumento al mar», humor e ironía —«el desenfado creacionista y el humor blanco» en la nomenclatura de Braulio Arenas [3]— se deslizan por los versos como la sangre por las venas, y esta perfecta adecuación de poesía y humor tiene todo el sabor de una consustancialidad:[4]

Paz sobre la constelación cantante de las aguas
Entrechocadas como los hombros de la multitud

---

confesable», porque rompe, por completo, la promesa de su título. No hay tal confesión, a menos que el poeta haya sido un ángel. Cada falta aparece en los escritos verdaderamente confesionales de Huidobro bajo la especie de su absolución. O más bien como la culpa del otro, del hombre mediocre. Su divisa es siempre: «todo aquello que es cualidad en el individuo es detestable para la colectividad», nietzscheanismo por el que podía negarse a reconocer determinados problemas de una conciencia formada en la moral tradicional como los que sugiere *Papá o el Diario de Alicia Mir*. Cuando el poeta, por otra parte, desciende a la psicología abisal así en *Sátiro o el poder de las palabras*, lo hace precedido y guiado por una idea que lo mistifica todo a su paso.

2. «La poesía», conferencia leída en el Ateneo de Madrid, en 1921.

3. «Vicente Huidobro y el creacionismo», prólogo de las *Obras completas* de V. H., Editorial Zig-Zag, 1963.

4. «La poesía es hermana carnal del humor; en todo verdadero poeta dormita un mistificador. Desgracia para él y para nosotros si no despierta jamás.» Henri BREMOND, *La poesía pura*.

Paz en el mar a las olas de buena voluntad
Paz sobre la lápida de los naufragios
Paz sobre los tambores del orgullo y las pupilas
  tenebrosas
Y si yo soy el traductor de las olas
Paz también sobre mí.

La «personalidad de excepción» que quiere encar-
nar Huidobro en su persona y en su obra,[5] centrada
en el yo impersonal o suprapersonal del mago de las
palabras, le viene al poeta del simbolismo de cuya
ideología se impregnó por completo. «Para la tradición simbolista el poeta es un ser privilegiado, un
solitario, un iluminado, un encantador de palabras.»[6]
Huidobro pasa por haber liquidado el modernismo,
y es, como los modernistas, un simbolista tardío,
con la diferencia de que escapó a la influencia de
Verlaine o de los simbolistas menores y al retori-
cismo de la Bella Época, para remontarse, en lugar
de ello, a las fuentes, y rondar en torno a Baudelaire,
Rimbaud y Mallarmé.
Muchos de los tópicos baudelerianos pasan al creacionismo y, esencialmente, el de la sed insaciada que
Baudelaire cristalizara así, poéticamente: *«Plonger
dans l'inconnu pour trouver du nouveau.»*[7] El ansia

5. «El poeta os tiende la mano para conduciros más allá
del último horizonte, más arriba de la punta de la pirámide,
en ese campo que se extiende más allá de lo verdadero y de
lo falso, más allá de la vida y de la muerte, más allá del
espacio y del tiempo, más allá de la razón y de la fantasía,
más allá del espíritu y de la materia.» V. H., «La poesía», 1921.
6. José María CASTELLET, *Veinte años de poesía española.*
7. Como se sabe, Baudelaire propuso que el artista en
lugar de imitar a la naturaleza la asimilara y encarnara
en su yo.
«La poesía —escribía Huidobro— no debe imitar los aspectos de las cosas sino las leyes constructivas que forman su
esencia y que le dan la independencia propia de todo lo que
es.» O bien: «No se debe imitar a la naturaleza, sino que hacer
como ella; no imitar sus exteriorizaciones sino su poder exte-
riorizador.»
Antes que abundar en la resabida influencia de Baudelaire
sobre las ideas estéticas vanguardistas, yo me permitiría
aquí atribuirle la paternidad de una confusión. Gracias a
ésta, poesía y pintura moderna se prestaron recíprocamente
fuerzas nuevas, y, debido a ellas, poetas como Huidobro
perdieron el sentido de la diferencia específica que hay
entre la poesía y la pintura, pero para atribuirle a ésta,

de infinito, el descubrimiento del infinito que Huidobro convierte en lugares comunes de su poesía (en esos «contenidos explícitos» que la estética de Baudelaire rechazaba en beneficio de la «magia sugestiva») son obsesiones de esa escuela que veía en la poesía, como dice Marcel Raymond, «un instrumento irregular de conocimiento metafísico».

Al «*N'importe où, où, bord du monde*», responde el creacionismo con el intento de crear fuera del mundo que existe el que debiera existir —«la creación pura»— que es un eco de la tentativa mallarmeana de crear un absoluto contra la vida. Huidobro repite, a su manera, las protestas de un rigor poético del que, en verdad, no siempre dio muestras fehacientes: «Yo, por mi parte, niego absolutamente la *existencia de lo arbitrario en el arte*.»[8] Escribió, de otra parte, un confuso «Tríptico a Mallarmé» en que trató de aprehender los motivos intelectuales del maestro, su voluntad de sustituir a la palabra, por medio de la palabra poética, el silencio, la pureza del no ser, la nada.

Ese itinerario del ser al no ser del lenguaje sería el que describe *Altavoz* si nos remitiéramos a la interpretación que hace de este poema Braulio Arenas:

«La historia, contada en siete cantos de la palabra humana vuelta verbo poético.» En realidad, más bien, de las encontradas «filosofías» de Huidobro y de su opción final por el caos de la palabra en libertad o por una poesía del absurdo. «De ahí el desarticulado final —agrega Arenas— con frases rotas y palabras de confusa algarabía, pues consideraba Huidobro que la poesía iba a cumplir su carrera

---

conscientemente o no, un rol subordinante como el que jugó o se pretendió que había jugado la música en el simbolismo. El fetichismo de la imagen, el prurito de hacer de la imagen *un objeto nuevo* equivale al *cuadro-objeto* de los cubistas, que no le debiera nada a lo real; la neutralidad lingüística, una poesía de hechos nuevos, íntegramente creados, «idénticos en todas las lenguas», todas estas son las consecuencias, en Huidobro, de su entusiasmo militante respecto de la revolución artística iniciada en 1910 por Apollinaire y Picasso; y de su relectura de Baudelaire a la luz de aquélla.

8.   «Yo encuentro», 1925.

como el sol que se destroza en mil fragmentos de
luz sobre el horizonte de la tarde.»[9]

En la tradición del simbolismo, Huidobro, «antipoeta y mago», postula «el poder de las palabras»,
una cierta reversibilidad entre las palabras y las
cosas, la ruptura entre el lenguaje poético y el lenguaje instrumental y oral.[10] Luego habría que ver
en qué sentido la teoría del creacionismo —en la que
no perseveró prácticamente Huidobro— es congruen-
te con la estética del simbolismo; pero el hecho es
que la alquimia del verbo y la palabra esencial de
Mallarmé preocuparon a «aquellos que pudieran considerarse, entre nosotros, los Baudelaire, los Rimbaud, los Mallarmé del movimiento nuevo».

La palabra esencial, aquella que presenta en sus vocales y diptongos como una carne (Mallarmé), «instrumento de poder», es, en un momento de la *poética*
huidobriana, «el vocablo virgen de todo prejuicio, el
verbo creado y creador, la palabra recién nacida».
«Ella se desarrolla —agrega, con gracia, Huidobro—
en el alba primera del mundo. Su precisión no consiste en denominar las cosas, sino en no alejarse del
alba.» Y: «El valor del lenguaje del poeta está en
razón directa de su alejamiento del lenguaje que se

9. La interpretación de B. A., con ser más convincente
que la mía, adolece de la buena voluntad apologética de
suponer que *Altazor* es un poema largo, dotado de una unidad
de sentido, y que se desarrollaría conforme a un diseño
interno, como un drama. Habría que probarlo. Yo veo, por
todas partes, tanteos, adiciones, una aventura como dice el
poema mismo, «una bella locura en la vida del lenguaje», «un
simple sport —en ciertos casos— de los vocablos». A mí me
parece que «el desarticulado final con frases rotas y palabras
de confusa algarabía» es un canto que podría situarse en
cualquier lugar del poema, pues representa, en el total de la
poesía de Huidobro, una de las salidas que se le presentaba
a éste para escapar a la naturaleza representativa del lenguaje
y crear así una realidad otra. Pedro Henríquez Ureña le
atribuye al poeta cubano Mariano Brull la invención del
poema sin palabras, mera sucesión de sílabas sin sentido, que
derivaba todo su encanto, exclusivamente, de la combinación
de sonidos: la «jitanjáfora».
En la poesía de Huidobro esta deserción del sentido de
las palabras por el sonido tiene el signo de un empecina-
miento creacionista, es uno de los callejones sin salida de su
poética.
10. Huidobro postula esta ruptura, no la consuma.

86

habla.» [11] Mientras que, por lo que a mí me parece una conjunción de la impotencia en que se resuelve el fetichismo simbolista de las palabras y la tendencia de Huidobro a poetizar sobre sus teorías, por la que, a veces, da en otro blanco que el que se propone flechar, *Altazor* —entre otros textos— explicita, en cierto modo vulgariza, «el drama que se juega entre la cosa y la palabra», su afinidad o identidad mágica.

Hay palabras que tienen sombra de árbol
Otras que tienen atmósfera de astros
Hay vocablos que tienen fuego de rayos
Y que incendian cuando caen
Otras que se congelan en la lengua y se rompen
          al salir
Como esos cristales alados y fatídicos.

Se habla de esas palabras, no con ellas. De un proyecto incumplido por el discurso que lo explica y que, además, parecería reducirlo al absurdo. La relación de Huidobro con el simbolismo es más bien la de un fraile escéptico con los tesoros de una iglesia agonizante; pero no voy a terminar nunca de determinar esta relación calidoscópica, que sería preciso examinar en cada caso sobre el terreno, en los distintos niveles en que se insinúa o patentiza.

El joven Huidobro citaba a Rimbaud y a Mallarmé en 1913. Versos o nociones claves de «El barco ebrio» o de *Las iluminaciones* recorren el mundo poético entero de Huidobro, que responde a esos llamados con señales de entendimiento.

Al «Y a veces he visto lo que el hombre ha creído ver» por el cual «El barco ebrio» se abre paso hacia *Las iluminaciones*, corresponde, en *Altazor*, el *whitmaniano*: «Yo hablo en nombre de un astro por nadie conocido / hablo en una lengua mojada en mares no nacidos.»

El movimiento antihumanista, de odio a la cultura burguesa y a la realidad entera que se ordena en la perspectiva de aquélla, vocifera en Rimbaud por la barbarie —para Jacques Rivière, Rimbaud era el

11. «La poesía», 1921.

ángel condenado por su rigurosa pureza a incomprender el mundo— y se repite en Huidobro —menos terriblemente angélico y más burgués que Rimbaud:

Soy bárbaro tal vez
Desmesurado enfermo
Bárbaro limpio de rutinas y caminos marcados
No acepto vuestras sillas de seguridades cómodas
Soy el ángel salvaje que cayó esta mañana
En vuestras plantaciones de preceptos
Poeta
Antipoeta
Culto
Anticulto

(Altazor)

«Mi superioridad —decía Rimbaud— consiste en que no tengo corazón.» Los herederos del simbolismo, para los cuales la poesía sobrepasa al hombre y a sus circunstancias, mantuvieron esa guerra al sentimiento, al personalismo sentimental o al sentimentalismo personal, propio de ciertas vertientes del romanticismo. Se puede huir del «subjetivismo romántico» por muchas razones, y la más fácil de entender será la que da uno de aquellos herederos, al poeta intelectual T. S. Eliot, que huye de la personalidad y de los sentimientos personales para acceder a una «cierta verdad general».[12] Alfonso Reyes habló de la desentimentalización que significaba, en América Latina, una reacción contra el sentimentalismo modernista y neomodernista. «Nada de anecdótico ni de descriptivo», había dicho Huidobro, el primero de los poetas vanguardistas de habla española. Según Fernando Alegría: «Huidobro acaba con el sentimentalismo de fin de siglo. Hasta el neorromanticismo místico de Prado, de la Mistral y Cruchaga debe afrontar, como fuerza antagónica, la impersonalidad escéptica y humorística de Huidobro.»[13] Yo no estoy, en cambio, tan seguro de que el primer detractor de Huidobro, el joven Guillermo de Torre de *Literaturas de Vanguardia*, no tuviera en parte

12. «Sobre la poesía y los poetas.»
13. Fernando ALEGRÍA, *Literatura chilena del siglo* XX.

la razón cuando hablaba de «las pesquisas imaginistas de los líricos neorrománticos enmascarados bajo la etiqueta imaginista» en un tonito zumbón, al escribir contra su ex maestro: «En general —Huidobro— permanece fiel a los temas sentimentales y románticos...» Menos polémicamente comprometida parece ser la observación de Federico de Onís, según la cual:

«Bien que todos los modos de poesía de la época estén representados en América y que los americanos como Huidobro y Borges hayan colaborado a su creación, la nueva poesía americana prosigue su evolución que le es propia y que presenta ciertos caracteres durables después de los últimos modernistas, Rubén Darío, Lugones, Herrera y Reissig, hasta los poetas de nuestros días, ella no se ha podido despegar del romanticismo como la poesía europea, no por falta de modernidad sino porque el americano de todos los tiempos, llámese sor Juana, Rubén Darío o Neruda no puede renunciar a ningún pasado sino que tiene necesidad de integrarlo en el presente.»
(Antología de la poesía iberoamericana)

El hecho es que, con el tiempo, el caso de Huidobro ha llegado a interesar tanto por su innegable condición de figura relevante de la vanguardia poética hispanoamericana como por su parentesco con los poetas que le precedieron en el uso de la palabra, en la línea de ese romanticismo que se encierra detrás de todos los impulsos de la literatura hispanoamericana.[14] Creo muy posible entresacar de su personalidad literaria ciertos rasgos típicos, latinoamericanos, que digan relación con el sincretismo cultural al que se refirieran Federico de Onís, Guillermo de Torre y otros.

Su relación con Darío es más profunda acaso que la que puede cancelarse invocando una serie de encuentros casuales.

Se sabe, para empezar, que el joven Huidobro hizo, en su adolescencia, malos calcos rubendarianos, entre ellos su «Apoteosis», dedicado al hijo del inmortal

14. Jorge ELLIOTT, *Antología de la nueva poesía chilena.*

Lelián, que se estimó, a su paso por España, que «...el autor de *Ecuatorial* ha ejercido en toda la lírica castellana el mismo influjo que Darío en su tiempo...»,[15] y que todavía en 1935, en *Vientos contrarios*, Huidobro protestaba contra «esos señores que se creen representar la España moderna, y que han tomado la moda de reírse de Rubén Darío, como si en castellano desde Góngora hasta nosotros hubiera otro poeta fuera de Rubén Darío».

«Los que conocemos las bases [continúa] del arte y de la poesía modernos, los que podemos contarnos entre sus engendradores, como Picasso, Juan Gris, yo, Pablo, Gargallo, hablo de los que pueden leer a Darío en su lengua, sabemos lo que significa el poeta y por eso hablamos de él en otra forma.

»Los falsos modernos lo denigran.»

(Vientos contrarios.)

Que yo sepa, hay un intento, al menos, de establecer una relación de continuidad entre Darío y Huidobro, pero sólo voy a tocarla aquí a título de información, pues me parece el paradigma de un cierto tipo de mistificación, aunque no dude de su honradez.

Según Juan Larrea —uno de los poetas españoles que siguieron a Huidobro a partir de 1918— el Ultraísmo —el movimiento que desencadenó Huidobro en España— fue «contestación genuina al llamamiento de Rubén Darío y presentaba indicios de una prerreminiscencia americana».

Como Darío el fin del mundo, Huidobro habría vaticinado el fin de la civilización occidental, y, en suma, ambas figuras son flechas indicadoras que apuntan a la identidad «entre el llamado mundo nuevo, a que aspira por múltiples derroteros el subjetivismo de los hombres de hoy, y el objetivo Mundo Nuevo de América».[16]

A mi juicio, si de alguna coincidencia puede hablarse, ésta podría descomponerse en los siguientes elementos: *a*) romanticismo de las emociones o de

15. Rafael CANSINOS ASSÉNS, *Verde y dorado en las letras americanas.*
16. Juan LARREA, *El surrealismo entre Viejo y Nuevo Mundo.*

los sentimientos por el que ambos caen en el personalismo sentimental y por el cual al final de sus vidas alcanzan una ascesis no de los sentimientos, sí de las actitudes intelectualistas que se demuestran entonces como tales; *b*) en la aventura análoga a que se abocaron en momentos distintos y en la órbita de diferentes sistemas de lenguaje poético, mera diferencia de grado en ciertos aspectos ideológicos por los que ambos comulgan en un mismo sistema de creencias simbolistas.

Esa aventura fue obviamente la de desprovincializar, acogiéndose a la influencia francesa, el lenguaje poético latinoamericano, y comprendía en Darío la repristinación de una conciencia lingüística de la gran tradición de la poesía española, su neogongorismo, y en Darío y Huidobro —recuérdese «Las letanías de nuestro señor Don Quijote» y *El Mío Cid Campeador*— una contribución de ambos poetas a España como mito, un españolismo de actitud romántica o un hispanismo vital con algo de un profético saber de salvación.

Falta en Huidobro la aspiración a encontrar una forma en la América oculta, el vertedero de un estilo que permitiera expresar «el alma de la raza», como se decía en tiempos del criollismo.[17] Su «galicismo mental»[18] se niega a resolverse en la inquietud de una conciencia artística desgarrada entre distintas instancias raciales y culturales, articulándose simplemente a su proyecto de «una voz de poeta que pertenece a la humanidad». Su europeísmo sin mala conciencia, que ahora resulta tan anacrónico en cierto modo, como el prurito de expresar «el alma de la raza», es ya un desafío de francotirador vanguardista a la institucionalización del americanismo ocupado en desenterrar a la América oculta con métodos que repugnarían al «lógico desprecio al realismo» que profesaba Huidobro.

17. «Vicente Huidobro resulta inferior, en cuanto creador de arte americano, a Diego de Rivera: Huidobro ha puesto en su técnica peculiar, su alma personalísima, mientras que Diego Rivera, el gran pintor, ha puesto en la suya su alma personalísima y además el alma de su raza.» R. BLANCO FOMBONA, *El modernismo y los poetas modernistas*, 1929.
18. El que dijo Juan Valera de Rubén Darío.

El poeta parece no sentir problemáticamente su falta de «raigambre nacional y continental» que, junto a su presunta «falta de humanidad» «son signos —afirma F. Alegría— de la sutil retórica que amenaza, desde adentro, su poesía».

Yo llamaría la atención sobre el hecho de que en ese relativo desarraigo —que no llegó, por lo demás, a consumarse, ni biográficamente como en Vallejo, ni lingüísticamente como en el caso de tantos otros poetas latinoamericanos de lengua francesa— se acusa una de las tantas características por las que el poeta pertenece a su clase (con la que sostuvo una relación de rebeldía pero a la que, negándola, permaneció ligado). La gran burguesía chilena es europeísta y afrancesada por tradición. De otra parte Huidobro —bajo la influencia primera y definitiva de Apollinaire— *vive* en la Europa de entreguerras una época de cosmopolitismo cultural, poético, físico («Siglo embarcado en aeroplanos ebrios», dice en *Ecuatorial*), al que se asimila de inmediato tomando esos aires y dándoselos llegado el caso, como en el patético «Viajero sin fin» de sus últimos poemas con que se presenta alegremente en «Poemas árticos»: «Una corona yo me haría / de todas las ciudades recorridas.»

En el marco del creacionismo Huidobro se da a sí mismo las condiciones teóricas de su «desarraigo» al afirmar que: «Si para los poetas creacionistas lo que importa es presentar un hecho nuevo, la poesía creacionista se hace traducible y universal, pues los hechos permanecen idénticos en todas las lenguas.»

El objeto creado lingüísticamente estandardizado, que «no pierde nada en la traducción de su valor esencial» y que surge de una evaluación parcial, esquemática de los que el poeta llama «detalles lingüísticos secundarios» —«La música de las palabras, los ritmos de los versos»— es una aberración idiomática con la que habría que ver, a través del análisis estilístico, hasta qué punto la poesía de Huidobro está de acuerdo. Pues, evidentemente, el poeta no escribió en esperanto.

Este objeto nuevo —esnobista y tecnocrático— de improbable o defectuosa fabricación, antes que nada se constituye en otro signo de la aspiración a una cultura, un arte, una poesía universales en los cuales Latinoamérica ha querido, época a época, salvarse de su siempre presente pasado colonial, de subdesarrollado.

El rubendarismo de *Prosas profanas* pone al desnudo, patéticamente, nuestro provincianismo allí donde prueba a vestirlo con lo ajeno, y ese primer modernismo tiene todo el aspecto *démodé* propio de la última moda para el uso de los nuevos ricos de las colonias culturales. La poética de Huidobro salva a su poesía de las ridículas preciosidades rubendarianas. O, mejor dicho, los tiempos eran otros; pero su poética, en cambio, condenada a muerte ya por sus esquematismos y sus inconsecuencias, es, como el arsenal metafórico de Darío, un batiborrillo de valores y disvalores por el cual puede inferirse que la relación con la cultura europea no ha cambiado radicalmente en lo que va del modernismo al creacionismo, independientemente del hecho de que se haya vivido o no esa relación de una manera problemática. No descarto la posibilidad de que esa relación sea también, en otro sentido, la nuestra. No se trata aquí de enjuiciar un fenómeno sino de describirlo. A mi entender hay una ingenuidad en Huidobro, expresada particularmente por él en el orden de las ideas estéticas, y, como actitudes concomitantes a ella, una especie de temeridad, de audacia aventurero-cultural por la que recuerda al Darío de Jean Cassou, al retrato inevitablemente paternalista que éste nos dejara de aquél: «Un ingenuo venido de las profundidades del trópico para rejuvenecer, con una mirada nueva, nuestro viejo patrimonio histórico, legendario, cultural.»

Sé, por experiencia propia, lo antipática que resulta esta imputación, pero de un modo u otro, Darío y Huidobro nos parecen más genuinos y «explicables» si los relacionamos con el «nivel subalterno del subdesarrollo» desde el que se levantaron, como representantes ecuménicos de una abstracta cultura universal tomada así, por lo alto.

«Quienes sean lo bastante fuertes para tocar a las puertas de la gran cultura universal serán capaces de abrir sus batientes y de entrar en la gran casa», asevera Alejo Carpentier,[19] en el convencimiento de que no hay en Latinoamérica un «subdesarrollo intelectual parejo al económico.»

Somos muchos los que pensamos y más aún los que queremos pensar así, por una cuestión de principios contrarios al economismo vulgar o al seudomarxismo que todo lo explica en términos económicos. Con todo, la opinión contraria no dejaría de señalar —aunque su explicación fuese deficiente, esto es, la explicación por la economía— a un atendible fenómeno por el que el subdesarrollo es también una «actitud del espíritu» de la que no se desembarazan ni aun aquellos capaces de instalarse, por derecho propio, en «la gran casa de la cultura universal», y por la que estos huéspedes de última hora nunca se identifican del todo con sus pariguales europeos, siempre conservan algo de lo que se entiende por provincialismo.

Es que si bien resulta chocante y felizmente incorrecto aceptar que existe, entre nosotros, «un subdesarrollo cultural parejo al económico» o condicionado por éste, la verdad es que salta a la vista una relación de correspondencia entre el atraso social, económico y político y nuestra realidad cultural inquieta, flotante, permeable a todos los desarraigos, que no dispone de una base histórica lo suficientemente sólida, que carece de tradiciones en torno a las cuales articularse orgánicamente o contra las cuales insurreccionarse. Hay que contar, además, con un margen variable de subdesarrollo cultural real que sí es parejo a nuestro subdesarrollo sociopolítico-económico. Sólo ciertos genios —¿quiénes lo fueron, quiénes lo son entre nosotros?— escaparían a los anacronismos, a las confusiones, a los eclecticismos, a los apresuramientos que resultan, a nivel de las capas ocultas, de la información atrasada o superficial o de segunda mano; pero en este punto más vale recordar al propio Huidobro para quien «la palabra genio es un abuso del lenguaje». También él era, si no un escritor subdesarrollado, un poeta de lo que llamamos ahora el Tercer Mundo Americano y su «galicismo mental» no me parece que

19. Alejo CARPENTIER en *Tientos y diferencias*.

hiciera de él un poeta culto europeo, hiperconsciente al sumir las tradiciones o al tomarlas por asalto, del peso de las mismas.

Hay un juvenilismo en Huidobro, un infantilismo casi, en que en parte coinciden su temperamento y su carácter con el clima histórico de una época «cuya literatura se parece a un juego delicioso, a la imagen de un mundo que es como un bello domingo después de una fatigosa semana» [20] pero por el que, de otra parte, el poeta acusa nuestras limitaciones y nuestras desmesuras de «pueblos jóvenes».

Aprovecho la coyuntura para insistir en que una cierta actitud «sobradora» de dandysmo literario, cierto engreimiento esnobista, el tono autocomplaciente con que Huidobro hace como si hablara una literatura de «juegos de salón» aforística, de ocurrencias, estocadas y alfilerazos, brillantes, en todo ello influye su condición de «pije» chileno, a la que están ligadas, por lo demás, una serie de características a un tiempo subversivas y reaccionarias de su estructura ideológica.

Huidobro juega «el juego delicioso» de la literatura de su época como un aficionado de condiciones excepcionales, pero se obstina en probar que ha cambiado las reglas del mismo allí donde, en lugar de sobrepasarlas con una casuística genial, no ha hecho más que infringirlas con una torpeza de recién llegado. Por haber dicho, por ejemplo, que «para mí nunca ha habido un solo poeta en toda la historia de nuestro planeta» habría merecido un correctivo ejemplar en su época misma, aunque ésta le pintara bigotes a la Gioconda. Ahora uno siente vergüenza ajena de muchas de las argumentaciones medio escolares, sentenciosas, con que Huidobro pretendía probar, en última instancia, su condición de primer poeta en toda la historia de nuestro planeta, su prioridad de inventor de la poesía y su originalidad absoluta.

Lo que se espejea en esas argumentaciones —diga lo que dijere el poeta contra la popularidad de la que no alcanzó a gozar en pleno— es un amor contrariado

---

20. Gaëtan PICON, *Panorama de la literatura francesa actual.* 1947.

al éxito [21] y el poeta habla por la herida de una semifrustración, todo lo cual no impide que —dicho sea en honor a su intuición, a su fino olfato estético— resulte justo en muchas de sus evaluaciones crítico-literarias.

Pero lo que yo quiero señalar en correlación con las libertades excesivas que puede esperarse se tome un latinoamericano en su trato con las culturas europeas —como producto de un conocimiento exterior de las mismas o de una relativa ignorancia de sus mecanismos internos— es lo que se llamó «la tendencia natural y constante en América a la síntesis de las culturas» [22] —esas transculturaciones que han debido ser nuestra especialidad— por la que «la supervivencia del pasado en el presente, el proceso de integración de diversas y aun contrarias formas culturales constituye un carácter específico del espíritu americano»; razón por la cual, de otra parte, hasta la época del vanguardismo, acaso hasta nuestros días, pervive el romanticismo que «se encierra detrás de todos los impulsos de la literatura hispanoamericana», el personalismo y el individualismo correlativos, menos acaso como signos de una «manifestación del genio de los pueblos a través de la intuición de ciertas individualidades» que, por el contrario, como rasgos inevitables de una producción superflua, que no surge en respuesta a una demanda colectiva, con la naturalidad y el grado de elaboración técnica que caracterizan a los productos culturales de una sociedad de consumo cultural, sino a partir de una decisión íntima, de una necesidad subjetiva al extremo, de una libertad creadora que puede desplegarse en el plano de una abstracción ilimitada.[23]

21. A lo que aspiró Huidobro fue a un éxito «aristocrático», al reconocimiento de los «espíritus selectos», reunidos, por encima de las multitudes, en corro de amigos; a la vez que esperaba que los poetas jóvenes vieran en él al maestro y al primer poeta de su tiempo.

22. Federico DE ONÍS, *Antología de la poesía iberoamericana*. «Entiende Federico de Onís que la simultaneidad de géneros y tendencias que en las literaturas europeas no suelen coexistir, la supervivencia del pasado en el presente, este proceso de integración de diversas y aun contrarias formas constituye un carácter específico del espíritu americano.» G. DE TORRE, *Claves de la literatura hispanoamericana*.

Por la misma razón por la que una obra creada por obra y gracia del yo individual —del «yo absoluto» huidobriano— para un consumo improbable, esto es, en medio de un vacío cultural, no se articula «de por sí» a la historia, su relación con la historia de la cultura puede ser igualmente arbitraria, y, en el caso de Huidobro, su irrealismo, su individualismo y su diletantismo de coleccionista cultural se corresponden. También su espíritu de contradicción [24] que no conlleva una actitud o una vocación especiales para el juego dialéctico de las ideas sino que surge de una relativa imposibilidad de ponerse de acuerdo consigo mismo o para poner de acuerdo ideas a las que se suscribe, procedentes de distintos, antagónicos o irreconciliables campos ideológicos. El intelectual inorgánico del subdesarrollo está más expuesto acaso que cualquier otro a desarrollar una personalidad babélica por la que hable la confusión de las lenguas, a adoptar una conducta cultural incongruente.

«Como si mi cerebro estuviese dividido en dos compartimientos absolutamente independientes [escribe Huidobro en "La confesión inconfesable"] me sentía atraído con igual pasión por el estudio de las ciencias, lo que me hizo seguir cursos en la Sorbona y otras universidades europeas sobre Biología, Fisiología y Psicología Experimental, y por el estudio de lo maravilloso, lo que me hizo dedicar muchas horas a la Astrología, a la Alquimia, a la Cábala antigua y al ocultismo en general.»

Se dirá que ésta es la expresión normal de una gran curiosidad intelectual —nada del hombre le era ajeno, etc.— pero yo creo que esos compartimientos

23. «Juguemos fuera del tiempo» es la invitación decisiva de *Altazor*, y el abstraccionismo de Huidobro hay que buscarlo, primeramente, en una falta de pesantez temporal de su poesía y en el consiguiente «libertinaje» de su imaginación creadora, en su fantasiosidad.
24. Dejo de lado, en este punto, el efecto desmoralizador que persigue Huidobro al afirmar, contra el hombre razonable, el derecho a la contradicción; su asalto, por la paradoja, a «los bueyes que pastan en las praderas chilenas»: «Soy consecuente con cada uno de ellos».

absolutamente independientes que se multiplican en todos sentidos llegan hasta nosotros, muchas veces, bajo la especie de inconsecuencia, como las fallas de una personalidad fragmentada, como debilidades de una excentricidad.

Huidobro es, desde este punto de vista, un fracaso. En él se mezclan, sin combinarse ni entrar en tensión dialéctica, las instancias del racionalismo materialista y el irracionalismo mágico que le indica el camino de las ciencias «malditas», de la filosofía tradicional. Pero del mismo modo, acorde a la imagen de los compartimientos absolutamente separados, Huidobro es nietzscheano en su lucha contra el filisteísmo burgués, y porque ve en el poeta héroe un superhombre cortado a su medida. Marcha así al son del aristocratismo intelectual de la revolución modernista que llevaba no el gorro frigio, sino un blanco penacho de independencia; [25] repite a Nietzsche y su obra en una larga declaración de los derechos o de las libertades del «yo absoluto», que cristaliza en su «todo aquello que es cualidad en el individuo, es detestable para la colectividad».[26] Así coincide con el autor de *La rebelión de las masas*, al que detestaba.[27]

Pero, al mismo tiempo, el burgués Huidobro, humanista, ligado sentimentalmente al cristianismo, para el cual el comunista por «su nobleza y su generosidad» es —en esta jerga filantrópica— «el más aristocrático de los hombres», en medio del caos de *Altazor* —«En mi cabeza cada cabello piensa otra cosa»— junto con denunciar «la mentira abyecta de todo cuanto edifican los hombres», anuncia el advenimiento de una única y última esperanza encarnada en los «millones de obreros que han comprendido por fin / y levantan al cielo sus banderas de aurora».

Su novela *La próxima* (1930) se cierra al grito de «Rusia, la única esperanza» con que su protagonista

25. R. B. Fombona.
26. Epígrafe de «Vientos contrarios».
27. V. H. «Es algo bien triste leer a José Ortega y Gasset desvariando sobre el arte nuevo. ¡Qué manera de aglomerar estupideces e incomprensiones! Tómese todo lo que dice al revés y se estará más cerca de la verdad.»

Alfredo Roc —«un visionario realista y *pioneer* idealista»— responde al fracaso en que culmina su empresa utópica, por la que toda la novela se inscribe, a despecho de ese grito y de los puntos de vista «marxistas» que se barajan en ella, en una corriente de crítica aristocrática del capitalismo.

Alfredo Roc ha fundado una colonia en Angola, refugio de espíritus selectos contra «la catástrofe total que amenaza a la civilización por obra del capitalismo que había perdido el control de la conciencia humana y de la economía social», pero esa catástrofe sorprende a la colonia desde adentro, pues se ha infiltrado en ella la mediocridad y el fanatismo que Huidobro —aristócrata espiritual y... material— asocia, «por instinto», a la masa.

El comunismo de Huidobro es una última esperanza antiburguesa de un burgués rebelde que prefiere asociarla al «verdadero cristianismo que era en su esencia comunista» a cifrarla en la historia. O por la que se remite, como en 1924, en su «Elegía a la muerte de Lenin», a su fervor romántico por los grandes destinos humanos individuales.

«El héroe —escribía en una meditación entusiasta sobre Napoleón— es un dios irrealizado, más bien es el concepto de dios, nuestro anhelo de dios, nuestro deseo absoluto hecho carne.»

Con esta óptica deificante, Huidobro ponía fácilmente los ojos, en materia de «hombres de acción y de aventura» fabulosos, en personajes como el Mío Cid Campeador o en los mitos simbolistas-decadentistas de Cagliostro o Gilles de Raiz por los que acusa su ascendencia finisecular.[28]

Se podría resolver el problema que plantean las dicotomías huidobronianas alegando que se trata de una figura literaria de transición, y además hay que prevenirse contra el error que consiste en pensar a un escritor de otra época como si su coherencia o su incongruencia coincidieran con las nuestras. ¿Pero es que acaso el hecho mismo de que en ciertos aspectos Huidobro perteneciese, en su tiempo, al futuro [29]

28. *Cagliostro*, novela-film, 1934. *Gilles de Raiz*, pieza de teatro, 1932.
29. Sobre la actualidad de Vicente Huidobro tendría que escribir otro trabajo que completara éste. Aparte de que es

y su obra aspirara «a poblar —inmodestamente—
para mil años el sueño de los hombres», pone ahora
en tanta evidencia, además de sus necesarias, lícitas
e inevitables articulaciones con el pasado, los puntos
problemáticos en que esas articulaciones adolecen de
rigidez o se presentan como trizaduras de las que se
resiente ese núcleo, principio unitario o como quiera
llamárselo por el que se distingue una creación individual del planton del que surge, en que fermentan
los ingredientes espirituales de una época y se cruzan todas sus corrientes y sus contracorrientes?

Lo que hay en Huidobro, en lo que atañe siempre
a su ideología y a los momentos en que en su obra
habla en nombre de ideas, es, efectivamente, un
escritor de transición, de los que vierten el vino
nuevo en odres viejos, pero con el añadido de que,
en relación a ciertos odres, el vino se comporta como
un ácido.

Así ocurre con las profesiones de fe anarcocomu-
nistas de Huidobro que se cruzan, sin entrelazarse en
un mismo tejido, con todos esos hilos que traman
la urdimbre de la obra de un poeta cuyo mayor orgullo era «haber arrancado la poesía de manos de
los vecinos de la ciudaú y haberla encerrado en la
fortaleza de los caballeros ungidos».

Nietzsche y Marx deben caminar de la mano por
Altazor, en el que el yo absoluto del poeta —el su-
perego huidobriano— «solitario como una paradoja»
se ofrece en el espectáculo de uno de los más impre-
sionantes poemas escritos en lo que va del siglo
en lengua castellana, por el que Latinoamérica se
pone a la altura de la gran poesía universal, arras-
trando consigo —a pesar o por la actitud planetaria
asumida por Huidobro en ese texto— todas las irre-
gularidades que pueden registrarse en el debe de
nuestra literatura poética, de nuestra vida cultural,
de lo que hemos sido y de lo que acaso somos.

En este poema-encrucijada el hablante se mueve en
todas direcciones y el resultado es un laberinto ver-

---

posible acotar el campo de la incuestionable influencia que
ejerció el poeta sobre la nueva poesía hispanoamericana, sería
preciso fijar aún los puntos en que se funda su productividad
actual.

bal en cuyo pórtico debiera leerse esta definición programática, quizá la más adecuada a su poesía, de las que escribió el teorizador: «Nada de caminos verdaderos y una poesía escéptica en sí misma.»

Frente a este poema babélico que es hoy en día en parte una ruina inservible, en parte una cantera o bien un ejemplo edificante de lo que no debe hacerse por ningún modo de manera análoga, ya no sólo se pueden apreciar las oscilaciones de un hombre de transición respecto de sus encontradas ideas, de las que el poeta hace explícitamente derroche en el Primer Canto. Esas trizaduras se hacen visibles también en el cuerpo mismo de la poesía de Vicente Huidobro, que se despedaza a lo largo del poema.

Varios Huidobros son los autores de *Altazor*, y el acurdo al que llegan a la fecha de la redacción definitiva del texto tiene algo de una componenda por la que las distintas partes del poema sostienen con el total del mismo una relación bastante floja. Hay que recordar que la organización, arquitectura o estructura del poema, era justamente aquello que Apollinaire y los suyos tendían a eliminar, acordes a la poética del cubismo.

Ésa había sido la poética de Huidobro en *Horizon carré, Tour Eiffel, Tallali*; pero en *Altazor* —el canto a mí mismo de Huidobro— vuelve por sus fueros —alentado acaso por el whitmanismo de posguerra— el joven poeta seudosimbolista o neomodernista de *Adán* (1914) con su caudalosidad de «bardo-profeta» emersoniano.

Yo creo que el poema no sufriría una lesión orgánica si se le suprimiera parte de sus miembros: las ramas de un árbol que ganaría con la poda, pues *Altazor* está hecho como la naturaleza hace un árbol.[30] Lo que hace la unidad relativa del poema, antes que una organización determinada del mismo, es algo por lo cual justamente postula la imposibilidad de tal organización: la conciencia que lo atraviesa de parte a parte y que se ramifica por él, de una crisis de la realidad —«no hay bien ni mal ni orden ni belleza»— a la que se esfuerza por susti-

30. «Hacer un poema como la naturaleza hace un árbol», Vicente Huidobro.

tuirse «el poema creado en todas sus partes como un objeto nuevo».

En *Altazor*, Huidobro no hace poesía alrededor de las cosas, para satisfacción de su (equivocado) antinaturalismo pictórico; la hace alrededor de sus opiniones e ideas, y no ciertamente con conceptos inventados sino glosando dispares filosofías; la hace contra sus prejuicios y con ellos, alrededor de sus pasiones, esperanzas y temores; *Altazor* explica el creacionismo a la vez que trata de encarnarlo, y, hasta donde lo permite la incoherencia por la que se desliza *Altazor* como por un plano inclinado, esa poética es el eje de su discurso.

Ese texto nos informa en buena medida de la razón de ser del creacionismo y de las preocupaciones intelectuales en que esa razón se funda. Menos y más que un poema creacionista es un discurso en torno al creacionismo: la poetización de una poética antes de que ésta pruebe, finalmente, a identificarse con el poema, disolviéndose en una «inanidad sonora».

Poesía de la poesía, crítica de la poesía, demolición y construcción simultáneas de un edificio verbal que niega los materiales de que se constituye, postulación de una verdad artística que «empieza allí donde termina la verdad de la vida» pero que acusa por todas partes sus interrelaciones con un discurso más vasto —el de la aspiración de las escuelas de vanguardia a fundar una realidad vital de verdad—; «horror de la vida y éxtasis de la vida» (Baudelaire): tópicos románticos: evasión de lo real, sed de infinito, afirmación, por encima del bien y del mal de un super yo obsesionado por ideas de muerte y supervivencia; profesiones de fe panteístas y fantásticas efusiones sentimentales (como las del Canto II en que, entre versos perfectos, de una genuina originalidad, se escuchan voces que vienen de la hojarasca romántica); *Altazor* quiere ser la praxis del creacionismo, o, mejor dicho, de las distintas y no bien articuladas piezas teóricas que Huidobro pretendiera integrar en una poética más ingeniosa que rigurosa: en parte el dechado de la insensatez de la que se resiente el teorizador pero por la que el poeta llega a veces —no obstante el tiempo le haya gastado las cartas entre las manos— a deslumbrar:

Al horitaña de la montazonte
La violondrina y el goloncelo
Descolgada está la noche de la lunala
Se acerca a todo galope
Ya viene la golondrina
Ya viene la golonfina

Huidobro consideraba *Altazor* su texto más importante, bien que lo publicara en Madrid en 1931, el mismo año en que dio allí a la publicidad otro de sus poemas largos: «Temblor de cielo.» Bueno sería, desde luego, conocer la cronología de los distintos Cantos o de los diversos fragmentos que componen *Altazor* y que está en la base —esa pluralidad de tiempos— de su carácter caótico y fragmentario.

Evidentemente el Prefacio de *Altazor*, con su chisporroteo de imágenes y sus rápidas estocadas aforísticas, y «Temblor de cielo», corresponden a una misma época de heterodoxia creacionista y de madurez, en que campean, decididamente por encima de las fórmulas de la escuela, «el desenfado creacionista y el humor blanco» de Huidobro y su exaltación neorromántica, esto es, su estilo personal.

En «Temblor de cielo» se cumple el propósito creacionista pero bajo su especie más dúctil: el de una transfiguración, metafórica e imaginista, de lo real; pero ese poema es menos interesante que *Altazor:* la encrucijada de todo lo que imaginó, pensó y sintió Huidobro en el curso de doce decisivos años de su vida literaria.[31]

Aunque el fiel de la balanza del juicio artístico se inclinara del lado de «Temblor de cielo», yo veo en *Altazor* el total de la aventura poética de Huidobro, con sus altos y bajos y hasta con su perdidizo o desventurado o problemático final. Algo así como un poema-río en que encallara aquí y allá la poética

31. El supuesto teórico que mejor le cuadra a «Temblor de cielo», podría ser el que apunta Huidobro en su «manifiesto de manifiestos», 1925, en un momento de sagacidad y modestia: «es evidente —escribe— que nada de aquello a que estamos acostumbrados nos emociona. Un poema debe ser algo inhabitual, pero hecho a base de cosas que manejamos constantemente, cosas que están cerca del pecho, pues si el poema inhabitual también se ha construido a base de elementos inhabituales, nos asombrará más que emocionarnos».

de Huidobro, salvándose no obstante su carga de poesía. *Altazor* es también un documento que aclara, hasta la trivialidad de la que no escapa, la o las genealogías poéticas de su autor, sus fuentes filosóficas o literarias de inspiración.

Es ese poema el que, por su sola presencia en nuestro idioma, exige que se le haga justicia histórica a Huidobro, rescatándolo del olvido o de las ceremonias anacrónicas en que se procede a su glorificación intemporal.

Los últimos libros poéticos de Huidobro, cuya publicación data de 1941 pero que fueron escritos, sin duda, al mismo tiempo que partes de *Altazor* —entre 1923 y 1934—, *Ver y palpar* y *El ciudadano del olvido*, son parte, como es natural, del itinerario de aquél, del reconocimiento de unas mismas zonas de la escritura. Estos libros, en los cuales no hay poemas mejores que los mejores fragmentos de *Altazor*, deslucen tanto junto a este volcán en erupción que arrojó materiales de todos los estratos geológicos del creacionismo, como junto al virtuosismo imaginista de «Temblor de cielo».

Las otras cimas de la poesía de Huidobro hay que buscarlas a través de sus libros o fuera de ellos, en sus *Últimos poemas*. «Monumento al mar» se cuenta entre éstos.

«Cuando Huidobro murió en 1948 —escribe Juan Jacobo Bajarlía, uno de los apologistas más exaltados del poeta— era prácticamente un olvidado: sólo, según nuestro conocimiento, el *Journal des Poétes* de Bruselas señaló su desaparición publicando nuestra traducción de un largo poema (*Monument à la mer*), del cual Émile Noulet ha podido decir "que jamás, salvo quizás en Valéry, el amor al mar se ha expresado con tanto fervor, con tanta grandeza".» [32]

No sé quién sea Émile Noulet pero me suscribo a la intención de sus palabras: poner a Huidobro en el lugar que muchos otros le niegan, en relación a los grandes poetas de su tiempo.

32. *La polémica Reverdy-Huidobro, orígenes del Ultraísmo*, 1964.

LUIS LEAL
El movimiento estridentista

El primer movimiento de vanguardia que surge en México es el estridentismo, iniciado y animado por el poeta Manuel Maples Arce. Es el estridentismo un movimiento efímero: nace en 1922 y muere en el 1927. Escasos cinco años de vida activa. Son, sin embargo, años significativos en el desarrollo de la poesía mexicana: las innovaciones introducidas por los estridentistas —Manuel Maples Arce (1898), Luis Quintanilla (1900), Germán List Arzubide (1898), Arqueles Vela (1899), Salvador Gallardo (1893)— [1] han de ser integradas a la poética mexicana por los escritores que les siguen en el tiempo, especialmente los Contemporáneos.

El estridentismo, que se inicia cuando el cubismo y el dadaísmo predominan en la literatura europea, es más bien un reflejo del futurismo italiano de Felipe Tomás Marinetti, iniciado hacia 1909 y considerado como el primer movimiento de vanguardia.[2]

La influencia del cubismo predomina más en los pintores estridentistas —Manuel Alva de la Canal, Germán Cueto, Rafael Sala— que en los poetas. En

1. Además de estos cuatro, que forman el núcleo del grupo, pertenecen al movimiento los siguientes escritores, ya poetas, ya prosistas: Xavier Icaza, Elena Álvarez, Luis Felipe Mena, Miguel Aguillón Guzmán, Humberto Rivas, Luis Ordaz Rocha; el escultor Germán Cueto y los pintores Manuel Alva de la Canal y Rafael Sala.
2. Sobre el movimiento futurista consultar: F. T. MARINETTI, *Noi futuristi* (Milano, 1917), F. T. MARINETTI, *Marinetti e il futurismo* (Roma, Milano, 1929). Alfredo MORETTI, *Futurismo* (Torino, 1940). Libero ALTOMARE, *Inocontri con Marinetti e il futurismo* (Roma, 1954). Walter VACCARI, *Vita e tumulti di F. T. Marinetti* (Milano, 1959). Federico ORCAJO ACUÑA, «El futurismo y Marinetti», en *Javier de Viaña; El futurismo y Marinetti* (Montevideo, 1926), pp. 42-63.

éstos también es evidente, aunque en menor escala, la influencia de Apollinaire, Tristán Tzara, Max Jacob y Vicente Huidobro.

Debido a que el estridentismo en México se desarrolla al mismo tiempo que el ultraísmo o martinfierrismo en la Argentina, aquí ya no podemos hablar de influencias. Sin embargo, notaremos que existen algunos puntos en común entre las dos escuelas. En el prólogo al *Índice de la nueva poesía americana*, de 1925, antología vanguardista en la cual el estridentismo se encuentra representado con poesías de Maples Arce y List Arzubide, los principios estéticos expuestos por Borges corresponden a los de los estridentistas; ambas escuelas dan gran importancia a la metáfora; a la omisión de las frases medianeras, de los nexos gramaticales, los adjetivos inútiles, de lo ornamental; al uso de versos e imágenes sueltos; al predominio del verbo activo sobre el intransitivo.[3]

Los ultraístas, sin embargo, no llegaron a los extremos hacia los cuales se aventuraron los estridentistas.

Las diferencias entre los estridentistas y otros vanguardistas americanos las encontramos no tanto en la forma como en el material poético.

Los estridentistas, como los futuristas, enaltecen los aparatos mecánicos, cantan a las masas, dan preferencia a las imágenes dinámicas, hacen uso de recursos tipográficos y ponen la palabra en libertad. En el primer manifiesto estridentista, que lleva el título *Actual. Hoja de Vanguardia No. 1. Comprimido estridentista de Manuel Maples Arce*, lanzado en 1922, se menciona, en la primera línea, el nombre de F. T. Marinetti.

No sabemos por qué conductos llegó el manifiesto futurista a México. Pero sí sabemos que al año siguiente de su publicación en *Le Fígaro*, Gómez de la Serna lo tradujo y lo publicó en su revista *Prometeo*.

3. *Índice de la nueva poesía americana* (Buenos Aires, 1926), p. 17. Consultar también los trabajos de Emilio Carilla, «El vanguardismo en la Argentina», *Nordeste*, 1 (dic., 1960), pp. 51-82, y de Alfredo Roggiano, «Situación y tendencias de la nueva poesía argentina», *Interamerican Review of Bibliography*, XIII-1 (1963), pp. 3-29.

«En 1910 —diez años antes de que llegase el plagio y la imitación de lo moderno a España— publiqué, en el número 20 de *Prometeo*, las proclamas futuristas de Marinetti... Por eso, cuando diez años después vi aparecer todo eso que estaba en mi programa, torcí el gesto. Desde luego, para mí llegaban muy tarde las radiografías y los aeroplanos líricos. Me dio vergüenza del acto retardado y plagiado. Ya eran en mí antiguos tópicos las recalcitrantes imágenes de diez años más tarde. El motor, el voltaje y la T. S. H. ya estaban destacados suficientemente.» [4]

Por los mismos años a que se refiere Gómez de la Serna, como aquéllos durante los cuales nace el futurismo en España, en México Maples Arce publica sus *Andamios interiores* (1922), libro que abre la brecha por la cual han de atacar las avanzadas estridentistas. Maples Arce pone en práctica aquí por primera vez una estética diferente de la que venían practicando los modernistas y postmodernistas. Aunque predominan las imágenes futuristas, también encontramos algunas de filiación cubista:

En tanto que la tisis —todo en un plano oblicuo—
paseante en automóvil y tedio triangular
me electrizó en el vértice agudo de mí mismo.

Nos habla, también, de «paraguas cónicos» y «bohemios romboidales». Dos de los poemas llevan títulos cubistas: «Prisma» y «Todo en un plano oblicuo...». Pero en conjunto predominan las imágenes futuristas, esto es, dinámicas —opuestas a las estáticas del cubismo. El material poético procede por lo general del mundo mecanizado: «por la calle planchada se desangra un eléctrico»... «locomotoras, gritos, [arsenales, telégrafos»... «y florecen algunos aeroplanos de hidrógeno»... «y la vida, automática] se asolea en los andamios de un vulgar rotativo»... «el insomnio, lo mismo que una enredadera, [se abraza a los andamios sinoples del telégrafo]».

Hay notas en este primer libro de Maples Arce,

4. Ramón GÓMEZ DE LA SERNA, *Automoribundia* (1888-1948) (Buenos Aires, 1948), pp. 254-255.

sin embargo, que no son futuristas; perdura el tema amoroso, aunque revestido en imágenes del mundo mecanizado:

sus palabras mojadas se me echaron al cuello
y una locomotora
sedienta de kilómetros la arrancó de mis brazos.

No desaparece tampoco el verso métrico, proscrito por Marinetti. La personificación de la naturaleza, técnica también adjurada por el italiano, es frecuente en los *Andamios interiores:*

Y mientras que los ruidos descerrajan las puertas,
la noche ha enflaquecido lamiendo su recuerdo.
El silencio amarillo suena sobre mis ojos.

Y también:

Hay un hervor galante de encajes auditivos;
a aquel violín morado le operan la laringe
y una estrella reciente se desangra en suspiros.

Hay que tener presente, sin embargo, que algunas de estas poesías parecen ser parodias burlescas de famosas obras modernistas; el alejandrino de «Flores aritméticas» nos hace pensar en las poesías de Darío.
Sin embargo, las imágenes absurdas destruyen esa ilusión:

El violín se accidenta en sollozos teatrales
y se atraganta un pájaro los últimos compases.

El segundo manifiesto estridentista fue lanzado el primero de enero de 1923, en la ciudad de Puebla, donde se encontraban a la sazón tanto Maples Arce como List Arzubide. De vuelta en la capital, comienza a reunirse en El Café de Nadie, en la Avenida Jalisco número 100. Allí se les une Arqueles Vela, el cuentista del grupo. Las primeras producciones de los estridentistas, que todavía no contaban con un órgano oficial, aparecieron en *El Universal Ilustrado*, por aquellos años bajo la dirección de Carlos Noriega Hope. Durante esa época se une al grupo el doctor Salvador Gallardo, en cuyo consultorio se reunían los estridentistas, como también lo hicieron en la librería de César Cicerón. En 1923 List Arzubide publica su primer libro de poesías, *Esquina*, y Luis Quintanilla su *Avión*. Ese mismo año aparece la revista *Irradiador*, que se convierte en el portavoz del movimiento. En el número 2, perteneciente al mes de octubre de 1923, Arqueles Vela publica un interesante trabajo sobre «El estridentismo y la teoría abstraccionista».

Los libros de Quintanilla y List Arzubide apenas si muestran innovaciones técnicas o de contenido. Sin embargo, List Arzubide juzga así el libro de Quintanilla:

«Luis Kin-Taniya, afinado de rondas diplomáticas, arrojaba el pulso de su *Avión* hacia todos los vientos políglotas, haciendo propaganda con Dinner a los cabecillas de Francia que daban las horas DA-DA en la selva virgen de París. Y el *five O'clock the* [sic] de los uniformes eléctricos, se templaba de inteligentes popularidades, a la proyección de los clamores equilibristas de Tristán Tzara, y de las carcajadas inconexas de Apollinaire y de Max Jacob. Había una seguridad romántica en la geografía.» [5]

En el libro *Esquina* de List Arzubide lo más interesante es la introducción de Maples Arce, bajo el título «Margen».[6] Primero se queja de las tendencias anticuadas que perduran entre los poetas mexicanos.

«Aquí —nos dice— todavía hay quien escribía sonetos y gentes que salen a la calle con sus paletós literarios del novecientos.» Viene después un juicio de las poesías de List Arzubide; lo elogia por haber abandonado el contenido episódico pero le reprocha

5. Germán LIST ARZUBIDE, *El movimiento estridentista* (Jalapa, Ver., Ediciones de Horizonte [1926]), pp. 40-41. El ejemplar que existe en la Biblioteca de la Universidad de Illinois, Urbana, Illinois, lleva una significativa dedicatoria del autor: «Para los compañeros de *Martín Fierro*, con un gran apretón de manos por su obra», fechada en marzo de 1927.
6. *Esquina*. Poemas de Germán List Arzubide. Margen de Maples Arce (México: Librería Cicerón, 1923). (Se acabó de imprimir, según el colofón, el 28 de noviembre.)

que en algunos de los poemas, como en «Ángulo» y en «11.30 P.M.» la emoción siga floreciendo.

«Germán List Arzubide —añade— es de los que han comprendido bien el fenómeno literario. Catalogar las percepciones imaginables simples, a la manera cubista, no constituye, en la realidad, el trascendentalismo estético de las nuevas direcciones... Mientras el ideal de todos los poetas contemporáneos tiende a identificarse en su emocionalidad temática, no han podido ponerse de acuerdo en su organización interna y en su ensambladura arquitectural; todos están igualmente de acuerdo, cuando menos, teóricamente, en que tanto la poesía como la pintura, etc., tengan un pleno sentido equivalente. Crear y no copiar.»

A pesar de los elogios de Maples Arce, no encontramos en el libro de List Arzubide, como ya hemos dicho, grandes novedades; usa el verso libre, y a veces hasta el asonante. Las imágenes, con pocas excepciones, no son estridentistas; he aquí la más característica:

Mientras las locomotoras bufan su impaciencia
las arañas tejen
su tela con hilos de música
para apresar la mariposa eléctrica.

En cambio, se burla de la ciencia:

Einstein no ha descubierto
quién inventó las moscas.

A veces, como Maples Arce, personifica la naturaleza: «Allá fuera una rosa / está pidiendo auxilio.» De cuando en cuando, nos hace pensar en Tablada y sus hai-kais:

Pero a pesar de todo
un grillo de su conferencia
interceptando

>   *el mensaje*
>   *crispado*
>   *de las estrellas.*

Y también:

>   *En esta hora de calcomanía*
>   *deshilvanada*
>   *las manos de la risa*
>   *están sembrando alas.*

De las cuatro poesías que contiene el volumen la más interesante es la última, «Cinemática», debido a la unidad —que no es una de las características de la estética estridentista— que le dan las imágenes, todas ellas derivadas del cinematógrafo:

>   *Mientras en el mostrador los cines*
>   *venden la noche al menudeo*
>   *un beso de celuloide*
>   *se oscurece en tu recuerdo.*

El año de 1924 es fructífero para los estridentistas. Maples Arce publica su famoso poema *Urbe*, y Kin-Taniya su *Radio. Poema inalámbrico en trece mensajes*. El 12 de abril se había presentado en El Café de Nadie la primera exposición organizada por el grupo, en la cual se exhibieron cuadros de Leopoldo Méndez, Alva de la Canal, Jean Charlot y otros; se tocó música estridentista, y se leyeron poesías. Arqueles Vela contribuyó leyendo su relato «El Café de Nadie».

El libro de Kin-Taniya, aparte del título estridentista, *Radio*, nos presenta los rasgos característicos de la escuela. Lo único que llama la atención es la última selección, titulada «lu iiiuuu iu...», mensaje telegráfico bajo el cual agrupa una serie de palabras en libertad sacadas de los noticiarios que se transmiten por radio y que forman un comentario irónico de los principales acontecimientos de la época.

No así en el libro de Maples Arce, en donde notamos un gran cambio en el contenido. Es *Urbe* un poema ideológico, un canto a la ciudad mecanizada, al obrero, a la revolución. Las imágenes están unificadas por el tema, anunciado en la primera parte:

> *He aquí mi poema*
> *brutal*
> *y multánime*
> *a la nueva ciudad.*
>
> *Oh ciudad toda tensa*
> *de cables y de esfuerzos*
> *sonora toda*
> *de motores y de alas.*
> *Explosión simultánea*
> *de las nuevas teorías...*

Predominan, según la estética futurista, las imágenes dinámicas:

> *Los escaparates asaltan las aceras,*
> *y el sol, saquea las avenidas.*
>
> *Al margen de los días*
> *tarifados de postes telefónicos*
> *desfilan paisajes momentáneos*
> *por sistemas de tubos ascensores.*

Y también:

> *Los impactos picotean*
> *sobre las trincheras.*
> *La lujuria apedreó toda la noche*
> *los balcones a oscuras de una virginidad.*
> *La metralla*
> *hace saltar pedazos del silencio.*

Si durante sus primeros años de estridentistas se preocupan más por combatir la literatura y las corrientes estéticas que predominaban entre los modernistas rezagados y los llamados postmodernistas, durante los últimos años, esto es, a partir de la publicación de *Urbe*, la orientación es más bien política que literaria. Hay que hacer notar que los estridentistas, aunque admiradores de las ideas literarias de Marinetti, rechazan sus ideas políticas.

En 1925 List Arzubide edita, en Puebla, *El pentagrama eléctrico* de Salvador Gallardo. El libro, cuyo título proviene de una poesía de Maples Arce, contiene ocho composiciones, la mayor parte de ellas en verso libre; sobresale una que otra imagen dinámica, estridentista:

El álbum de las calles
se enrolla en los motores
con fugas de los postes
que escriben sinfonías.

* *

Un gallo barométrico
desgrana la espiga de la mañana.

Locomotoras-fantasmas
acepillan las distancias
y las leznas de los pitos
taladran el silencio.

* *

El jazz extiende su lecho clandestino
y teje una maraña de deseos
Una corriente voltaica
se desprende de la pila de las vértebras
y vibra en los timbres de los señor

* *

Los reflectores contusos
rompen la piñata de la aurora
que vierte sobre la orgía
sus confetis polícromos
Afuera una banda de autos
BOS-TE-ZA
Y / en / el Cabaret del cielo
chimean las estrellas.

En 1926 Arqueles Vela publica *El Café de Nadie,* novelas,[7] y List Arzubide dos libros de poesías, *El*

7. (Jalapa, Ver., Ediciones de Horizonte.) (Apareció el 15 de noviembre; contiene tres novelines: «El Café de Nadie», «Un crimen provisional» y «La Señorita Etc.».)

viajero en el vértice y *Peble* (poemas de rebeldía). Ese mismo año aparece en Jalapa, Veracruz, la revista *Horizonte,* que ha de publicarse por tres años. También en 1926, año que puede considerarse como el último del estridentismo —excepto por una colección de poesías de Maples Arce—, List Arzubide publica su importante documento *El movimiento estridentista,* libro en el cual recoge material poético y ejemplos del arte pictórico estridentista.

La influencia del estridentismo la encontramos también en el interior de la República. «Era necesario —apunta List Arzubide— salir hacia la provincia inventada por López Velarde; el estridentismo amarró a su grito cuatro puntos cardinales y partió.» En otras palabras, el grupo estridentista se dispersaba. Entre los que firman el Manifiesto Número 3, publicado en Zacatecas el 12 de julio de 1926, sólo encontramos el nombre de Salvador Gallardo. El documento —como el manifiesto número cuatro, expedido en Ciudad Victoria poco después— nada contribuye al movimiento; lo único que allí se hace es reproducir ideas entresacadas de los documentos anteriores. En la ciudad de México el grupo abandona su tertulia. «El Café de Nadie —dice List Arzubide— espiado por el rencor, sufrió el atraco de los poetas crepusculares.»

En 1927, año en que el estridentismo se agota, List Arzubide publica su exaltación a Zapata, documento en prosa de interés social más que literario. Maples Arce da a las prensas sus *Poemas interdictos,* colección de once composiciones, seis bajo el título del libro y cinco bajo el de «Poemas de la lejanía». Uno de los del primer grupo, «Revolución», ya había aparecido en la obra de List Arzubide sobre el movimiento estridentista. En el primero, «Canción desde un aeroplano», es novedoso el punto de vista:

> *Todo es desde arriba*
> *equilibrio y superior*
> *y la vida*
> *es el aplauso que resuena*
> *en el hondo latido del avión*

En «80 H. P.» se introducen algunas innovaciones, como el uso simultáneo de dos columnas con el objeto de dar mayor movimiento a las imágenes:

—*espectáculo*   *nuevo*

                                  mundo
exclusivo
                                  latino

                                  de sus ojos.
En el motor
                                  (El corazón apretado

hay la misma canción   como un puño)

Aunque los *Poemas interdictos* no sean los últimos de Maples Arce, los que publicó después, bajo el título *Memorial de la sangre* (1947), ya no pertenecen a la escuela estridentista.[8] Lo mismo puede decirse de las obras posteriores de Arqueles Vela y List Arzubide; las que publican después de 1927 ya no pueden ser consideradas como estridentistas. El movimiento se agota precisamente durante ese año. Veamos cuáles fueron sus contribuciones al desarrollo de la literatura mexicana.

Contrapuesto a otro grupo de escritores de la misma época, los colonialistas, observamos que los estridentistas se interesan en el presente y el futuro y no en el pasado, excepto para negarlo. La obra de los estridentistas se basa en la realidad inmediata; no rehúyen la lucha social; su material poético se lo ofrece la vida diaria en las fábricas, en las calles de las grandes ciudades, en las oficinas de los grandes edificios; cantan a los obreros, a los revolucionarios, a las máquinas. En cuanto a la forma, siguen las tendencias europeas de la época: abandonan la rima y el número fijo de sílabas en el verso; ponen la palabra en libertad, aunque sin llegar a los extremos de los futuristas. No experimentan, como los da-

8. La misma opinión sostiene un miembro del grupo, Arqueles VELA, en su libro *Teoría literaria del modernismo* (México, 1959), pp. 322-325.

daístas y los superrealistas, con los elementos silá-
bicos dentro de la palabra: la palabra es, para ellos,
símbolo del mundo externo, bien que sea el mundo
mecanizado de la urbe y no el del campo y su paisaje. En verdad, el valor semántico de la palabra,
y no el fonético, es la base del estridentismo; haciendo uso de esas palabras en libertad, el poeta
estridentista trata de integrar al arte el mundo cir-
cunstancial. Abandona, también, las formas cerra-
das, tradicionales, como el soneto, y da unidad a
sus composiciones por medio de las imágenes yuxta-
puestas, sin hilación gramatical. Esas imágenes son,
por lo general, dinámicas, estridentes, predominando
los elementos auditivos; trata de evitar, aunque no
lo hace por completo, las imágenes plásticas. A veces
cae en un romanticismo exasperante, o en formas
modernistas, gastadas, como el alejandrino ruben-
dariano.

La contribución más importante de los estridentistas, podríamos concluir, no consiste en haber escrito grandes obras de arte, sino en haber introducido
en México las nuevas tendencias vanguardistas y en
haber roto el cordón umbilical que ataba a la poesía
mexicana a formas novecentistas gastadas. El flo-
recimiento de esa nueva poesía durante el siglo veinte
lo inician los estridentistas.[9]

9.   Para completar la bibliografía del estridentismo mencio-
naremos el somero artículo de Carleton Beals, «The Noise-
Makers, the "Estridentistas" and Other Writers of Revo-
lutionary Mexico», Bookman, LXIX (mayo, 1929), pp. 280-285,
trabajo de poco valor documental pero de interés por ser el
primero sobre el movimiento. Más valiosos son los estudios
de José Rojas Garcidueñas, «Estridentismo y Contemporáneos», Universidad de México, VI, núm. 72 (diciembre, 1952)
y de Raúl Leiva en Imagen de la poesía mexicana contemporánea (México, 1959).

CARLOS MONSIVAIS
Los estridentistas y los agoristas

En los treintas, México se incorporó, en el fervor del nacionalismo recién apropiado, a la fiebre de la literatura social. Dos movimientos, los Estridentistas y los Agoristas, ejemplificaban, con el lujo de detalles, esta tendencia. Los Estridentistas intentaban dinamitar, según la lección de los futuristas, la forma; anhelaban la muerte de las convenciones y su meta era la revolución integral. Crearon las apariencias de una vanguardia y manifestaron las exigencias de una inquisición. Con el tiempo, sus fallidas, torpes maniobras se incluyen en los terrenos del humorismo involuntario, pero, en cierto modo, se han enriquecido con los encantos de lo patético.

Fueron años febriles. José Juan Tablada, genialmente, le dedicó una conferencia de Huitzilopochtli: «manager del movimiento estridentista. Homenaje de admiración azteca». En *El Café de Nadie*, Arqueles Vela, uno de los miembros, describe sus reuniones:

«El Café se va llenando con los demás del Grupo Estridentista, que llegan cada uno con su linterna roja y en las solapas de los trajes, el número de sus conquistas diarias. Maples Arce llenó su taza y se sentó junto al desconocido. Hablaron:

»Maples Arce: He atrapado el motín del crepúsculo.

»El otro: Hay una mujer muerta en cada noche.

»Maples Arce: Yo he visto la ciudad caída sobre las ruinas de la música.

»El otro (que se aclara es Arqueles Vela): Sólo nosotros existimos, todos los demás son sombras pegajosas.

»Así fue como Maples y Arqueles Vela se conocieron.»

Eran los años en que los políticos oficiales conseguían el milagro de envilecer incluso a la demagogia. Los estridentistas, víctimas de esa arrogante credulidad que caracteriza a toda bohemia de provincia, se apoderaban de la imaginería de arenga y mitin y le añadían el toque (delicioso, si se nos permite el adjetivo) de su candor formal.

«Obreros:
Con vuestras manos que la intrepidez de la fatiga contrajo, rasgad el uniforme de los días... Sobre el yunque de cada mañana, en las universidades de los días recientes, vuestros martillos dicten las conferencias... Por el socavón del hambre que los siglos aplazaron, entrad al último túnel de la protesta.»

Desde luego, esta es la prosa más increíble que se ha escrito en un país tan habituado al exceso. El estridentismo era la parodia, a pesar suyo, de la vanguardia que desde la década anterior se había transformado en una necesidad y un estado de ánimo de la clase media internacional. Cumplían una misión heroica: representar la sedicente *avant-garde* en una sociedad que advertía con desconfianza aun a la academia; renovar un lenguaje que les era ajeno y destruir una forma que todavía no era suya:

«Llegó con la brújula de su poema "Las 13" en su mano enguantada de manicure y desde el reloj de su emoción, asomado a la citarilla del tráfico, restirado de medias "kayser", dijo el tiempo, la hora que él adivinó entre la maraña del sol.» (Arqueles Vela. *El Café de Nadie*.)

Con la publicación del *Actual* (Hoja de vanguardia, Comprimido Estridentista) de Manuel Maples Arce, la figura principal de este grupo y la única con aptitudes literarias, se inició el Estridentismo. El movimiento cobró la importancia que le daba la premura provinciana de incorporarse a la moda estética y política de los veintes: manifiestos en Puebla y Zacatecas, la adhesión del Congreso Estudiantil de Ciudad Victoria, Tamaulipas, la inauguración del Café de Nadie, la revista *Ser* de Puebla, la revista

118

Horizonte de Jalapa, los libros de Maples Arce
(Andamios interiores, Urbe, Poemas interdictos),
de Arqueles Vela *(El Café de Nadie)*, de List Arzubide *(Historia del movimiento estridentista)*, de
Luis Quintanilla *(Avión)*, de Salvador Gallardo
(Pentagrama eléctrico), *Radiador*, revista internacional de vanguardia. Aplaudieron el gesto presar-
treano de Rafael López, quien rehusó ser nombrado
miembro de la Academia. Inauguraron exposiciones
con cuadros de Alva de la Canal, Leopoldo Méndez,
Jean Charlot, Rafael Sala, Emilio Amero, Fermín
Revueltas, Xavier González y Máximo Pacheco;
máscaras de Germán Cueto y esculturas de Guillermo Ruiz. Y sin embargo, pese a este trabajo de
ideas y hechos sensacionalistas, la «opinión pública»
no se dejó conmover. Una burguesía aún no con-
solidada, no tenía el menor interés en dejarse epatar.
El burgués epatable, en Latinoamérica fenómeno de
excepción, no supo ni quiso tomar en serio a un
movimiento que le lanzaba anatemas crípticos:
«El estridentismo no admite vales ni da fianzas,
usted es un lamecazuelas retórico.» Todo era inútil:
sólo la ingenuidad de List Arzubide pudo llegar a
estas vanas conclusiones: «El estridentismo se llama
así por el ruido que levantó a su derredor. ¿Qué fue
lo conseguido? Sacudir el ambiente. Si hoy no se
admiten dioses literarios, fue nuestra irreverencia la
que los arrojó de los altares.»
Si hoy se siguen admitiendo dioses literarios es a
causa del arrobo pueril de este tipo de movimientos,
fastidiosas regresiones románticas. Su culto por las
frases en nada difiere de la idolatría verbal que caracterizó a Jesús Urueta o al Cuadrilátero. El fetichismo
de la palabra sonora los sacudía, en la admiración
que siempre provoca la propia audacia: «Los asalta
braguetas literarios nada comprenderán de esta nueva belleza sudorosa del siglo.» Y la «belleza sudorosa» se convertía en una alharaca infantil por los
obreros, las máquinas, las fábricas, los telégrafos. En
el fondo, Edison y no Marx y Marinetti, presidía este
entusiasmo adolescente por los beneficios de la civilización. (Ese «culto al proletariado», despojado de
sus lujos vanguardistas y mejorado por la sensiblería

rural se extendería a la prosa narrativa y en José
Mancisidor hallaría su óptimo exponente.)

El agorismo (Gustavo Ortiz Hernán, José María
Benítez, Martín Paz, Alfredo Álvarez García, Gilberto
Bosque, María del Mar, Luis Octavio Madero, Miguel
Martínez Rendón, Lil-Nahí, Manuel Gallardo, Alfredo
Ortiz Vidales, Rafael López, Héctor Pérez Martínez)
era un movimiento —más radicalizado y aún menos
importante estéticamente— que el Estridentismo. Los
agoristas se estremecían definiendo su actitud:

«El nuestro es un grupo de acción. Intelectualidad
expansiva en dirección a las masas. El agorismo no
es una nueva teoría del arte, sino posición definida
y viril de la actividad artística frente a la vida. Consideramos que el arte sólo debe tener objetivos profundamente humanos. La misión del artista es la de
interpretar la realidad cotidiana. Mientras existan
problemas colectivos, ya sean emocionales, ideológicos o económicos, es indigna una actitud pasiva. Pre-
cisada esta situación fundamental, consideramos
cuestiones secundarias las de técnica y teorización
estética: lo que importa es responder categóricamen-
te al ritmo de nuestro tiempo. Agorismo: arte en
movimiento, velocidad creadora, socialización del
arte.»

Esta socialización del arte no estaba fincada en el
vacío. Gustavo Ortiz Hernán explicaba sus raíces:
«Nuestra juventud ha izado la idealización del arte
en el sostén concreto y firme de la realidad cotidiana.
Hemos vuelto nuestras miradas a la tierra morena,
fecunda en motivos. No queremos más escribir como
escribió hace diez años en París un señor a quien no
conocemos.»

No es necesario interpretar estas declaraciones. Son
las mismas que año con año declaman los grupos am-
parados tras un nacionalismo social. Los agoristas,
como los estridentistas, como después el inaudito
Bloqueo de Obreros Intelectuales, nacían de la incapacidad de entender los distingos entre la Revolución
Mexicana y la tarea del artista. Este sectarismo (que
por lo general suele terminar en la nómina, en la
burocracia) combatido en los veinte y en los treinta

por los Contemporáneos, quienes se vieron acusados de traición a la patria y evasionismo, renacería en los imitadores de Neruda que penosamente proliferaron (y se extinguieron) en los cincuenta.

Carlos Gutiérrez Cruz (nuestro Zhdanov) expresó en la revista *Crisol*, de una vez por todas, el credo de su tendencia:

«Cuando el arte no está al servicio de un sentimiento general, de una aspiración o de una justicia de las grandes multitudes, es arte limitado, es arte sin importancia, es arte perecedero. En cambio, cuando se pone al servicio de una ideología, de un sentimiento popular, es arte trascendente y durable; penetra en la conciencia de las multitudes y éstas lo consagran y lo inmortalizan.»

Manuel Maples Arce, el único poeta rescatable de estas «barricadas líricas», padeció la incongruencia de todo espíritu romántico que adopta esquemas y estructuras supuestamente modernas y que en verdad no hace sino acatar la tradición que pretende destruir. Con todo, su rebelión y la de su grupo, fue saludable en la medida en que significó rebeldía, heterodoxia, amor por el desacuerdo. Nada más. Discípulos incoherentes de Marinetti y Tzara, sus poemas, ruidosos, disparatados, cursis, libraron su combate en los terrenos del simple arreglo tipográfico y nunca superaron el nivel de entretenimiento infantil. Los poetas proletarizantes cantaron a las ruedas, los tornillos y el progreso. Los agricolizantes al campo, al maíz y a la semilla. De esta última tendencia son ejemplo los poemas publicitario-turísticos y de información histórica de José Muñoz Cota; *El Corrido de Catarino Maravillas* de Miguel N. Lira, superior a cualquier parodia conocida del *Romancero Gitano* y la inefable respuesta a López Velarde, la *Dura Patria* de José López Bermúdez, uno de los grandes poemas cómicos de este siglo:

Ramón López Velarde: te cortaría la lengua
de payo ruiseñor, si fuese una mentira
tu limpio decoro, tu canción sin menguas,

121

la nota de tu orquesta, el grano de tu lira;
y esa patria que viviste, devota y altanera,
jardín y manantial, «alacena y pajarera».

ALGUNAS PROCLAMAS, MANIFIESTOS Y PUBLICACIONES VANGUARDISTAS

VICENTE HUIDOBRO
El creacionismo

El creacionismo no es una escuela que yo haya querido imponer a alguien; el creacionismo es una teoría estética general que empecé a elaborar hacia 1912, y cuyos tanteos y primeros pasos los hallaréis en mis libros y artículos escritos mucho antes de mi primer viaje a París.

En el número 5 de la revista chilena *Musa Joven*, yo decía: «El reinado de la literatura terminó. El siglo veinte verá nacer el reinado de la poesía en el verdadero sentido de la palabra, es decir, en el de creación, como la llamaron los griegos, aunque jamás lograron realizar su definición.»

Más tarde, hacia 1913 ó 1914, yo repetía casi igual cosa en una pequeña entrevista aparecida en la revista *Ideales,* entrevista que encabezaba mis poemas. También en mi libro *Pasando y pasando,* aparecido en diciembre de 1913, digo, en la página 270, que lo único que debe interesar a los poetas es el «acto de la creación», y oponía a cada instante este acto de creación a los comentarios y a la poesía alrededor de. La cosa creada contra la cosa cantada.

En mi poema «Adán», que escribí durante las vacaciones de 1914 y que fue publicado en 1916, encontraréis estas frases de Emerson en el «Prefacio», donde se habla de la constitución del poema:

«Un pensamiento tan vivo que, como el espíritu de una planta o de un animal, tiene una arquitectura propia, adorna la naturaleza con una cosa nueva.»

Pero fue en el Ateneo de Buenos Aires, en una conferencia que di en junio de 1916, donde expuse plenamente la teoría. Fue allí donde se me bautizó como creacionista por haber dicho en mi conferencia que la primera condición del poeta es crear; la segunda, crear, y la tercera, crear.

Recuerdo que el profesor argentino José Ingenieros, que era uno de los asistentes, me dijo durante la comida a que me invitó con algunos amigos después de la conferencia: «Su sueño de una poesía inventada en cada una de sus partes por los poetas me parece irrealizable, aunque usted lo haya expuesto en forma muy clara e incluso muy científica.»

Casi la misma opinión la tienen otros filósofos en Alemania y dondequiera yo haya explicado las mismas teorías. «Es hermoso, pero irrealizable.»

¿Y por qué habrá de ser irrealizable?

Respondo ahora con las mismas frases con que acabé mi conferencia dada ante el grupo de Estudios Filosóficos y Científicos del doctor Allendy, en París, en enero de 1922: «Si el hombre ha sometido para sí a los tres reinos de la naturaleza, el reino mineral, el vegetal y el animal, ¿por qué razón no podrá agregar a los reinos del universo su propio reino, el reino de las creaciones?»

El hombre ya ha inventado toda una fauna nueva que anda, vuela, nada, y llena la tierra, el espacio y los mares con sus galopes desenfrenados, con sus gritos y sus gemidos.

Lo realizado en la mecánica también se ha hecho en la poesía. Os diré qué entiendo por poema creado. Es un poema en el que cada parte constitutiva, y todo el conjunto, muestra un hecho nuevo, independiente del mundo externo, desligado de cualquiera otra realidad que no sea la propia, pues toma su puesto en el mundo como un fenómeno singular, aparte y distinto de los demás fenómenos.

Dicho poema es algo que no puede existir sino en la cabeza del poeta. Y no es hermoso porque recuerde algo, ni es hermoso porque nos recuerde cosas vistas, a su vez hermosas, ni porque describa hermosas cosas que podamos llegar a ver. Es hermoso en sí y no admite términos de comparación. Y tampoco puede concebírselo fuera del libro.

Nada se le parece en el mundo externo; hace real

lo que no existe, es decir, se hace realidad a sí mismo. Crea lo maravilloso y le da vida propia. Crea situaciones extraordinarias que jamás podrán existir en el mundo objetivo, por lo que habrán de existir en el poema para que existan en alguna parte.

Cuando escribo: «El pájaro anida en el arco iris», os presento un hecho nuevo, algo que jamás habéis visto, que jamás veréis, y que sin embargo os gustaría mucho ver.

Un poeta debe decir aquellas cosas que nunca se dirían sin él.

Los poemas creados adquieren proporciones cosmogónicas; os dan a cada instante el verdadero sublime, este sublime del que los textos nos presentan ejemplos tan poco convincentes. Y no se trata del sublime excitante y grandioso, sino de un sublime sin pretensión, sin terror, que no desea agobiar ni aplastar al lector: un sublime de bolsillo.

El poema creacionista se compone de imágenes creadas, de situaciones creadas, de conceptos creados; no escatima ningún elemento de la poesía tradicional, salvo que en él dichos elementos son íntegramente inventados, sin preocuparse en absoluto de la realidad ni de la veracidad anteriores al acto de realización.

Así, cuando escribo:

El océano se deshace
Agitado por el viento de los pescadores que silban

presento una descripción creada; cuando digo: «Los lingotes de la tempestad», os presento una imagen pura creada, y cuando os digo: «Ella era tan hermosa que no podía hablar», o bien: «La noche está de sombrero», os presento un concepto creado.

En Tristan Tzara encuentro poemas admirables que están muy cerca de la más estricta concepción creacionista. Aunque en él la creación es generalmente más formal que fundamental. Pero el hombre que ha escrito los siguientes versos es, sin la sombra de una duda, un poeta.

En porcelaine la chanson pensée, je suis fatigué
  —la chanson des reines l'arbre crève de
  la nourriture comme une lampe.

Je pleure vouloir se lever plus haut que le jet
d'eau serpente au ciel car il n'éxiste plus
la gravité terrestre à l'école et dans le cerveau.

Quand le poisson rame
le discours du lac
quand il joue la gamme
la promenade des dames, etc.

A veces, Francis **Piccabia** nos abre en sus poemas
ventanas sobre lo insospechado, probándonos que **no**
sólo es pintor:

Enchaîné sur l'avenir de l'horloge
des récreations
dans un empire missel;

Le jour épuisé d'un court instant
parcimonieux
échappe à la sagacité du lecteur
d'esprit.

Les jeunes femmes compagnes du fleuve
logique viennent comme une tache sur l'eau
pour gagner un monstre enfumé
d'amis aimables
dans l'ordre du suicide enragé.

Emporter une histoire pour deux
à force de joie dans la chevelure
des syllabes.

[Encadenado sobre el porvenir del reloj
diversiones
en un imperio misal;
El día agotado por un corto instante
parsimonioso
escapa a la sagacidad del lector
fino.

Las jóvenes mujeres compañeras del río
lógico llegan como una mancha sobre el agua

para ganar un monstruo ahumado
de amigos amables
en la orden del suicida enrabiado.

Llevar una historia para dos
a fuerza de alegría en la cabellera
de las sílabas.]

También Georges Ribémont Dessaignes tiene versos
que nos sacan de lo habitual:

Regarder par la prunelle de sa maîtresse
afin de voir à l'intérieur.

Mirar por la pupila de su amante
para ver qué hay dentro.

Y Paul Eluard nos hace a menudo temblar como
un surtidor que nos golpeara la espina dorsal:

Il y a des femmes dont les yeux sont comme des
        morceaux de sucre
il y a des femmes graves comme les mouvements
        de l'amour qu'on ne surprend pas.

d'autres, comme le ciel à la veille du vent.

Le soir trainait des hirondelles. Les hibous
partageaient le soleil et passaient sur la terre.

Los dos poetas creacionistas españoles, Juan Larrea
y Gerardo Diego, han dado sendas pruebas de su
talento. Cuando Gerardo Diego escribe:

Al silbar tu cabeza se desinfla

O bien:

La lluvia tiembla como un cordero

o esto otro:

Una paloma despega del cielo

nos da una sensación poética muy pura. Igual cosa sucede con Juan Larrea cuando dice:

Un pájaro cambia el tiempo

o bien:

Lechos de ladrillos entre los sonidos

y aún esto otro:

Tu recuerdo se aleja según la dirección del viento.

Ambos poetas han probado a los españoles escépticos hasta qué grado de emoción puede llegar lo inhabitual, demostrando todo lo que de serio contiene la teoría creacionista. Nunca han hecho burlarse (como aquellos pobres ultraístas) a las personas de espíritu realmente superior.

Si para los poetas creacionistas lo que importa es presentar un hecho nuevo, la poesía creacionista se hace traducible y universal, pues los hechos nuevos permanecen idénticos en todas las lenguas.

Es difícil y hasta imposible traducir una poesía en la que domina la importancia de otros elementos. No podéis traducir la música de las palabras, los ritmos de los versos que varían de una lengua a otra; pero cuando la importancia del poema reside ante todo en el objeto creado, aquel no pierde en la traducción nada de su valor esencial. De este modo, si digo en francés:

La nuit vient des yeux d'autrui

o si digo en español:

La noche viene de los ojos ajenos

o en inglés:

Night comes from others eyes

el efecto es siempre el mismo y los detalles lingüísticos secundarios. La poesía creacionista adquiere proporciones internacionales, pasa a ser la Poesía, y se hace accesible a todos los pueblos y razas, como la pintura, la música o la escultura.

Hay en el hombre una dualidad que se manifiesta en todos sus actos, dos corrientes paralelas en las que se engendran todos los fenómenos de la vida.

Todo ser humano es un hermafrodita frustrado. Tenemos un principio o una fuerza de expansión, que es femenina, y una fuerza de concentración, que es masculina.

En ciertos hombres domina una en detrimento de la otra. En muy pocos aparecen ambas en perfecto equilibrio.

En el fondo, es en esto donde hallaremos soluciones para el eterno problema de románticos y clásicos.

Todo sigue en el hombre a esta ley de dualidad. Y si llevamos en nosotros una fuerza centrífuga, también tenemos una fuerza centrípeta.

Poseemos vías centrípetas, vías que nos traen como antenas los hechos que ocurren a sus alrededores (audición, visión, sensibilidad general), y poseemos vías centrífugas, que semejan aparatos de emisiones y nos sirven para emitir nuestras ondas, para proyectar el mundo subjetivo en el mundo objetivo (escritura, palabra, movimiento).

El poeta, como todos los hombres, tiene dos personalidades, que no son, hablando con propiedad, dos personalidades, sino por el contrario la personalidad en singular, la única verdadera.

La personalidad total se compone de tres cuartos de personalidad innata y de un cuarto de personalidad adquirida.

La personalidad innata es la que Bergson llama yo fundamental; la otra es el yo superficial.

También Condillac distinguía entre un yo pensante y un yo autómata.

En el creacionismo proclamamos la personalidad total.

Nada de parcelas de poetas.

El infinito entero en el poeta, el poeta íntegro en el instante de proyectarse.

La obra de arte tiene como cuna estos dos elementos, que también constituyen una dualidad paralela; la sensibilidad, que es el elemento afectivo, y la imaginación, que es el elemento intelectual. En el dictado automático, la sensibilidad ocupa mayor espacio que la imaginación, pues es el elemento afectivo mucho menos vigilado que el otro.

En la poesía creada, la imaginación arrasa con la simple sensibilidad.

JORGE LUIS BORGES
Ultraísmo

Antes de comenzar la explicación de la novísima estética, conviene desentrañar la hechura del rubenianismo y anecdotismo vigentes, que los poetas ultraístas nos proponemos llevar de calles y abolir. Y no hablo del clasicismo, pues el concepto que de la lírica tuvieron la mayoría de los clásicos —esto es, la urdidura de narraciones versificadas y embanderadas de imágenes, o el sonoro desarrollo dialéctico de cualquier intención ascética o jactancioso rendimiento amatorio— no campea hoy en parte alguna. En lo que al rubenianismo atañe, puedo señalar desde ya un hecho significativo. Los iniciales compañeros de gesta de Rubén van despojando su labor de las habituales topificaciones que signan esa tendencia, y realizando aisladamente obras semejantes. Juan Ramón Jiménez propende así a una suerte de psicologismo confesional y abreviado; Valle-Inclán gesticula su incredulidad jubilosa en versos pirueteros; Lugones se olvida de Laforgue y las metáforas formales para encaminarse a los paisajes sumisos; Pérez de Ayala ensancha en su prosa recia y palpable la tradición de Quevedo, y el cantor de *La tierra de Alvargonzález* se ha encastillado en un severo silencio. Ante esa divergencia actual de los comenzadores, cabe empalmar una expresión de Torres Villarroel y decir que, considerado como cosa viviente, capaz de forjar belleza nueva o de espolear entusiasmos, el rubenianismo se halla a las once y tres cuartos de su vida, con las pruebas terminadas para esqueleto. Esto lo afirmo, pese a la numerosidad de monederos falsos del arte que nos imponen aún las oxidadas figuras mitológicas y los desdibujados y lejanos epítetos que prodigara Darío en muchos de sus poemas. La belleza rubeniana es ya una cosa madurada y colmada, semejante a la belleza de un lienzo antiguo, cumplida y eficaz en la limitación de sus métodos y en nuestra aquiescencia al dejarnos herir por sus previstos recursos; pero por eso mismo, es una cosa acabada, concluida, anonadada.

Ya sabemos que manejando palabras crepusculares, apuntaciones de colores y evocaciones versallescas o helénicas, se logran determinados efectos, y es porfía desatinada e inútil seguir haciendo eternamente la prueba.

Por cierto, muchos poetas jóvenes que aseméjanse inicialmente a los ultraístas en su tedio común ante la cerrazón rubeniana, han hecho bando aparte, intentando rejuvenecer la lírica mediante las anécdotas rimadas y el desaliño experto. Me refiero a los sencillistas, que tienden a buscar poesía en lo común y corriente, y a tachar de su vocabulario toda palabra prestigiosa. Pero éstos se equivocan también. Desplazar el lenguaje cotidiano hacia la literatura, es un error. Sabido es que en la conversación hilvanamos de cualquier modo los vocablos y distribuimos los guarismos verbales con generosa vaguedad... El miedo a la retórica —miedo justificado y legítimo— empuja a los sencillistas a otra clase de retórica vergonzante, tan postiza y deliberada como la jerigonza académica, o las palabrejas en lunfardo que se desparraman por cualquier obra nacional, para crear el ambiente. Además, hay otro error más grave que su estética. Ni la escritura apresurada y jadeante de algunas fragmentarias percepciones ni los gironcillos autobiográficos arrancados a la totalidad de los estados de conciencia y malamente copiados, merecen ser poesía. Con esa voluntad logrera de aprovechar el menor ápice vital, con esa comezón continua de encuadernar el universo y encajonarlo en una estantería, sólo se llega a un sempiterno espionaje del alma propia, que tal vez resquebraja e histrioniza al hombre que lo ejerce. ¿Qué hacer entonces? El prestigio literario está en baja; los intelectuales temen que los socaliñen con palabras bonitas e inhiben su emotividad ante el menor alarde oratorio; las enumeraciones de Whitman y su compañerismo vehemente nos parecen lejano, legendarios; los más acérrimos partidarios del susto vocean en balde derrumbamientos y apoteosis. ¿Hacia qué norte emproar la lírica?

El ultraísmo es una de tantas respuestas a la interrogación anterior.

El ultraísmo lo apadrinó inicialmente el gran prosista sevillano Rafael Cansinos Asséns, y en sus albores no fue más que una voluntad ardentísima de realizar obras noveles e impares, una resolución de incesante sobrepujamiento.

Así lo definió el mismo Cansinos: «El ultraísmo es una voluntad caudalosa que rebasa todo límite escolástico. Es una orientación hacia continuas y reiteradas evoluciones, un propósito de perenne juventud literaria, una anticipada aceptación de todo módulo y de toda idea nuevos. Representa el compromiso de ir avanzando con el tiempo.»

Estas palabras fueron escritas en el otoño de 1918. Hoy, tras dos años de variadísimos experimentos líricos ejecutados por una treintena de poetas en las revistas españolas *Cervantes* y *Grecia* —capitaneada esta última por Isaac del Vando Villar— podemos precisar y limitar esa anchurosa y precavida declaración del maestro. Esquematizada, la presente actitud del ultraísmo es resumible en los principios que siguen:

1. Reducción de la lírica a su elemento primordial: la metáfora.

2. Tachadura de las frases medianeras, los nexos y los adjetivos inútiles.

3. Abolición de los trebejos ornamentales, el confesionalismo, la circunstanciación, las prédicas y la nebulosidad rebuscada.

4. Síntesis de dos o más imágenes en una, que ensancha de ese modo su facultad de sugerencia.

Los poemas ultraicos constan, pues, de una serie de metáforas, cada una de las cuales tiene sugestividad propia y compendiza una visión inédita de algún fragmento de la vida. La desemejanza raigal que existe entre la poesía vigente y la nuestra es la que sigue: en la primera, el hallazgo lírico se magnifica, se agiganta y se desarrolla; en la segunda, se anota brevemente. ¡Y no creáis que tal procedimiento menoscabe la fuerza emocional! «Más obran quintaesencias que fárragos», dijo el autor del *Criticón* en sentencia que sería inmejorable abreviatura de la estética ultraísta. La unidad del poema la da el tema común intencional u objetivo— sobre el cual versan las imágenes definidoras de sus aspectos parciales.

Escuchad a Pedro Garfias:

> *Andar*
> *con polvo de horizontes en los ojos*
> *tendida la inquietud a la montaña.*
> *Y desgranar los siglos*
> *rosarios de cien cuentas*
> *sobre nuestra esperanza.*

Y a estos otros:

Rosa mística

> *Era ella*
>   *Y nadie lo sabía*
> *Pero cuando pasaba*
> *Los árboles se arrodillaban*
> *Y en su cabellera*
>   *Se trenzaban las letanías.*
> *Era ella,*
>   *Era ella.*
> *Me desmayé en sus manos*
> *Como una hoja muerta.*
>   *Sus manos ojivales*
>   *Que daban de comer a las estrellas*
> *Por el aire volaban*
> *Romanzas sin sonido*
>   *Y en su almohada de pasos*
>   *Yo me quedé dormido.*

GERARDO DIEGO

Viaje

> *Los astros son espuelas*
> *que hieren los ijares de la noche*
> *En la sombra, el camino claro*

es la estela que dejó el Sol
de velas desplegadas
Mi corazón como un albatros
siguió el rumbo del sol

GUILLERMO JUAN

Primavera

La última nieve sobre tus hombros
¡oh amada vestida de claro!
   El último arco-iris
hecho abanico entre tus manos.
Mira:
El hombre que mueve el manubrio
enseña a cantar a los pájaros nuevos
   La primavera es el poema
   de nuestro hermano el jardinero.

JUAN LAS

Epitalamio

Puesto que puedes hablar
no me digas lo que piensas
Tú corazón
              envuelve
                        tu carne.
Sobre tu cuerpo desnudo
mi voz cosecha palabras.
Te traigo de Oriente el Sol
para tu anillo de Bodas.
En el hecho que espera
una rosa se desangra.

HELIODORO PUCHÉ

Casa vacía

Toda la casa está llena de ausencia.
La telaraña del recuerdo
pende de todos los techos.

En la urna de las vitrinas
están presos los ruiseñores del silencio.

Hay preludios dormidos
que esperan la hora del regreso.

El polvo de la sombra
se pega a los vestidos de los muros.
En el reloj parado
se suicidaron los minutos.

ERNESTO LÓPEZ-PARRA

La lectura de estos poemas demuestra que sólo hay una conformidad tangencial entre el ultraísmo y las demás banderías estéticas de vanguardia. La exasperada retórica y el bodrio dinamista de los poetas de Milán se hallan tan lejos de nosotros como el zumbido verbal, las enrevesadas series silábicas y el terco automatismo de los sonámbulos del Sturm o la prolija baraúnda de los unanimistas franceses... Además de los nombres ya citados de poetas ultraístas, no hay que olvidar a J. Rivas Panedas, a Humberto Rivas, a Jacobo Sureda, a Juan Larrea, a César A. Comet, a Mauricio Bacarisse y a Eugenio Montes. Entre los escritores que, enviándonos su adhesión, han colaborado en las publicaciones ultraístas, bástame aludir a Ramón Gómez de la Serna, a Ortega y Gasset, a Valle-Inclán, a Juan Ramón Jiménez, a Nicolás Beauduin, a Gabriel Alomar, a Vicente Huidobro y a Maurice Claude. En el terreno de las revistas, la hoja decenal *Ultra* reemplaza actualmente a *Grecia* e irradia desde Madrid las normas ultraicas. En Buenos Aires acaba de lanzarse *Prisma,* revista mural, fundada por E. González Lanuza, Guillermo Juan y el firmante. De real interés es también el sagaz estudio antológico publicado en el número 23 de *Cosmópolis* por Guillermo de Torre, brioso polemista, poeta y forjador de neologismos. Un resumen final. La poesía lírica no ha hecho otra cosa hasta ahora que bambolearse entre la cacería de efectos auditivos o visuales, y el prurito de querer expresar la personalidad de su hacedor. El primero de ambos empeños atañe a la pintura o a la música, y el segundo se asienta en un error psicológico, ya que la personalidad, el yo, es sólo una ancha denominación colectiva que abarca la pluralidad de todos los estados de conciencia. Cualquier estado nuevo que se agregue a los otros llega a formar parte esencial del yo, y a expresarle: lo mismo lo individual que lo ajeno. Cualquier acontecimiento, cualquier percepción, cualquier idea, nos expresa con igual virtud; vale decir, puede añadirse a nosotros... Superando esa inútil terquedad en fijar verbalmente un yo vagabundo que se transforma en cada instante, el ultraísmo tiende a la meta primicial de toda poesía, esto es, a la transmutación de la realidad palpable del mundo en realidad interior y emocional.

PROCLAMA DE *PRISMA*, REVISTA MURAL
Buenos Aires, 1922

Naipes y filosofía

Barajando un mazo de cartas se puede conseguir que vayan saliendo en un enfilamiento más o menos simétrico. Claro que las combinaciones así hacederas son limitadas i de humilde interés. Pero si en vez de manipular naipes, se manipulan palabras, palabras imponentes i estupendas, palabras con antorchados i aureolas, entonces ya cambia diametralmente el asunto.

En su forma más enrevesada i difícil, se intenta hasta explicar la vida mediante esos dibujos, i al barajador lo roturamos filósofo. Para que merezca tal nombre, la tradición le fuerza a escamotear todas las facetas de la existencia menos una, sobre la cual asienta todas las demás, i a decir que lo único verdadero son los átomos o la energía o cualquier otra cosa...

¡Como si la realidad que nos estruja entrañablemente, hubiera menester muletas o explicaciones!

Sentimentalismo previsto

En su forma más evidente i automática, el juego de entrelazar palabras campea en esa entabillada nadería que es la literatura actual. Los poetas sólo se ocupan de cambiar de sitio los cachivaches ornamentales que los rubenianos heredaron de Góngora —las rosas, los cisnes, los faunos, los dioses griegos, los

paisajes ecuánimes i enjardinados— i engarzar millo-
nariamente los flojos adjetivos *inefable, divino, azul,
misterioso.* ¡Cuanta socarronería i cuanta mentira
en ese manosear de ineficaces i desdibujadas palabras, cuanto miedo altanero de adentrarse verdaderamente en las cosas, cuanta impotencia en esa vana-
gloria dc signos ajenos! Mientras tanto los demás
líricos, aquellos que no ostentan el tatuaje azul rube-
niano, ejercen un anecdotismo gárrulo, i fomentan
penas rimables que barnizadas de visualidades oportunas venderán después con un gesto de amaestrada
sencillez i de espontaneidad prevista.

Anquilosamiento
de lo libre

unos i otros señoritos de la cultura latina, garileros
de su alma, se pedestalizan sobre las marmóleas
leyes estéticas para dignificar ejercicio tan lamentable. Todos quieren realizar obras apelmazadas i
perennes. Todos viven en su autobiografía, todos
creen en su personalidad, esa mescolanza de percepciones entreveradas de salpicaduras de citas, de
admiraciones provocadas i puntiaguda lirastenea.
Todos tienden a la enciclopedia, a los adversarios i a
los volúmenes tupidos. El concepto histórico de la
vida muerde sus horas. En vez de concederle a cada
instante su carácter suficiente i total, los colocan
en gerarquias prolijas. Escribe él dramas i novelas
abarrotadas de encrucijadas espirituales, de gestos
culminantes i de apoteosis donde se remansa defi-
nitivamente el vivir. Han inventado ese andamiaje
literario —la estética— según la cual hay que prepa-
rar las situaciones i empalmar las imágenes, i que
convierte lo que debiera ser ágil i brincador en un
esfuerzo indigno i trabajoso. Idiotez que les hace
urdir un soneto para colocar una línea, i decir en
doscientas páginas lo cabedero de dos renglones.
(Desde ya. puede asegurarse que la novela, esa cosa
maciza engendrada por la superstición del yo, va a
desaparecer, como ha sucedido con la epopeya i otras
categorías dilatadas.)

U
l
t
r
a

Nosotros los ultraístas en esta época de mercachi-
fles que exhiben corazones disecados i plasman el
rostro en carnavales de muecas queremos desanqui-
losar el arte. Lícito i envidiable como cualquier otro
placer es el que motivan las palabras eficazmente
trabadas, mas hai que convenir en lo absurdo de
honrar los que le venden, traficando con flacas ñoñe-
rias i trampas antiquísimas.

Nuestro arte quiere superar esas martingalas de
siempre i descubrir facetas insospechadas al mundo.
Hemos síntetisado la poesía en su elemento primordial: La metáfora, a la que concedemos una
máxima independencia, mas alla de los jueguitos de
aquellos que comparan entre si cosas de forma semejante, equiparando con un circo a la luna. Cada
verso de nuestros poemas posee su vida individual
i representa una visión inédita. El Ultraismo propende así a la formación de la mitología emocional
i variable. Sus versos que excluyen la palabreria i las
victorias baratas conseguidas mediante el despilfarro
de palabras exóticas, tienen la contextura decisiva de
los marconigramas.

Latiguillo

Hemos lanzado PRISMA para democratizar esas
normas.

Hemos embanderado de poemas las calles, hemos
iluminado con lámparas verbales vuestro camino,
hemos ceñido vuestros muros con enredaderas de
versos. Que ellos, izados como gritos, vivan la mo-
mentánea eternidad de todas las cosas, i sea comparable su belleza dadivosa i transitoria, a la de un
jardín vislumbrando a la música desparramada por
una abierta ventana y que colma todo el paisaje.

GUILLERMO DE TORRE   EDUARDO GONZÁLEZ LANUZA
GUILLERMO JUAN   JORGE LUIS BORGES

MANIFIESTO DE MARTÍN FIERRO

Frente a la impermeabilidad hipopotámica del «honorable público».

Frente a la funeraria solemnidad del historiador y del catedrático, que momifica cuanto toca.

Frente al recetario que inspira las elucubraciones de nuestros más «bellos» espíritus y a la afición al ANACRONISMO y al MIMETISMO que demuestran.

Frente a la ridícula necesidad de fundamentar nuestro nacionalismo intelectual, hinchando valores falsos que al primer pinchazo se desinflan como chanchitos.

Frente a la incapacidad de contemplar la vida sin escalar las estanterías de las bibliotecas.

Y sobre todo, frente al pavoroso temor de equivocarse que paraliza el mismo ímpetu de la juventud, más anquilosada que cualquier burócrata jubilado:

MARTÍN FIERRO siente la necesidad imprescindible de definirse y de llamar a cuantos sean capaces de percibir que nos hallamos en presencia de una NUEVA sensibilidad y de una NUEVA comprensión, que al ponernos de acuerdo con nosotros mismos, nos descubre panoramas insospechados y nuevos medios y formas de expresión.

MARTÍN FIERRO acepta las consecuencias y las responsabilidades de localizarse, porque sabe que de ello depende su salud. Instruido de sus antecedentes, de su anatomía, del meridiano en que camina: consulta el barómetro, el calendario, antes de salir a la calle a vivirla con sus nervios y con su mentalidad de hoy.

MARTÍN FIERRO sabe que «todo es nuevo bajo el sol» si todo se mira con unas pupilas actuales y se expresa con un acento contemporáneo.

MARTÍN FIERRO se encuentra, por eso, más a gusto,

en un trasatlántico moderno que en un palacio renacentista, y sostiene que un buen Hispano-Suiza es una OBRA DE ARTE muchísimo más perfecta que una silla de manos de la época de Luis XV.

MARTÍN FIERRO ve una posibilidad arquitectónica en un baúl «Innovation», una lección de síntesis en un «marconigrama», una organización mental en una «rotativa», sin que esto le impida poseer —como las mejores familias— un álbum de retratos, que hojea, de vez en cuando, para descubrirse al través de un antepasado... o reírse de su cuello y de su corbata.

MARTÍN FIERRO cree en la importancia del aporte intelectual de América, previo tijeretazo a todo cordón umbilical. Acentuar y generalizar, a las demás manifestaciones intelectuales, el movimiento de independencia iniciado, en el idioma, por Rubén Darío, no significa, empero, que habremos de renunciar, ni mucho menos, finjamos desconocer que todas las mañanas nos servimos de un dentífrico sueco, de unas toallas de Francia y de un jabón inglés.

MARTÍN FIERRO tiene fe en nuestra fonética, en nuestra visión, en nuestros modales, en nuestro oído, en nuestra capacidad digestiva y de asimilación.

MARTÍN FIERRO, artista, se refriega los ojos a cada instante para arrancar las telarañas que tejen de continuo: el hábito y la costumbre. ¡Entregar a cada nuevo amor una nueva virginidad, y que los excesos de cada día sean distintos a los excesos de ayer y de mañana! ¡Esta es para él la verdadera santidad del creador...!

¡Hay pocos santos!

MARTÍN FIERRO, crítico, sabe que una locomotora no es comparable a una manzana, y el hecho de que todo el mundo compare una locomotora a una manzana y algunos opten por la locomotora, otros por la manzana, rectifica [sic] para él, la sospecha de que hay muchos más negros de lo que se cree. Negro el que exclama ¡colosal! y cree haberlo dicho todo. Negro el que necesita encandilarse con lo coruscante y no está satisfecho si no lo encandila lo coruscante. Negro el que tiene las manos achatadas como platillos de balanza y lo sopesa todo y todo lo juzga por el peso. ¡Hay tantos negros...!

MARTÍN FIERRO sólo aprecia a los negros y a los

blancos que son realmente negros o blancos y no pretenden en lo más mínimo cambiar de color.

¿Simpatiza usted con MARTÍN FIERRO?

¡Colabore usted en MARTÍN FIERRO!

¡Suscríbase usted a MARTÍN FIERRO!

Huidobro y el creacionismo

1912-1914 *Ecos del alma; Canciones de la noche* (caligramas); *La gruta del silencio; Las pagodas ocultas*.

1917 *Horizon carré*.

1918 *Tour Eiffel; Hallali; Ecuatorial* y *Poemas árticos*.

1921 *Saisons choisies*, antololgía poética.

1923 *Finis Britanniae*, panfleto contra el colonialismo inglés.

1924 *Elegía a la muerte de Lenin*. Primer número de la revista *Creación*, editada en París.

1925 *Automne régulier; Tout à coup; Manifestes*.

1927 *Vientos contrarios*. Huidobro dirige el periódico progresista *Acción*.

1928 Publica en Madrid *Mío Cid Campeador*, novela-hazaña.

1931 *Altazor*.

1932 *Gilles de Raiz; El célebre océano*, publicado en el folleto *Presentaciones*.

1934 *Cagliostro*, novela-film; *La próxima; Papá o el diario de Alicia Mir; En la luna* (teatro).

1935 *Tres inmensas novelas*, en colaboración con Hans Harp.

1941 *Ver y palpar* y *El ciudadano del olvido*.

1948 *Últimos poemas* (póstumos).

Marco editorial del ultraísmo argentino y Martín Fierro

1921 Jorge Luis Borges redacta su artículo «Ultraísmo», publicado en la revista *Nosotros*.

1922 Borges y Macedonio Fernández lanzan la revista *Proa*, publicada en su primera época de agosto a julio de 1923 (sólo tres números).

Francisco Luis Bernárdez publica *Bazar* (poemas). Oliverio Girondo, *Veinte poemas para ser leídos en el tranvía*.

1923 Borges publica *Fervor de Buenos Aires* (poemas), obra que a los pocos años se convierte en el modelo referencial del ultraísmo argentino. La revista *Nosotros* publica una encuesta sobre «la nueva generación literaria». En septiembre, el grupo estudiantil «Renovación» funda en La Plata la revista *Valoraciones*, que seguirá publicándose hasta 1928, dirigida por Alejandro Korn y Carlos Américo Amaya. En octubre se funda la revista *Inicial*, bajo la dirección de Roberto A. Ortelli.

1924 Eduardo González Lanuza publica *Prismas* (poemas); Francisco Luis Bernárdez, *Kindergarten* (poemas). Se inicia la segunda época dirigida por Borges, Bradán Caraffa, Ricardo Güiraldes y Pablo Rojas Cruz.

1925 Oliverio Girondo publica su libro *Calcomanías;* Norah Lange, *La calle de la tarde* (poemas) y F. L. Bernárdez, *Alcántara* (poemas). En febrero se publica el primer número de la revista *Martín Fierro*, fundada por Evar Méndez. La dirigirán luego, alternativamente hasta 1927, Oliverio Girondo, Sergio Piñero, Eduardo Juan Bulbich y Alberto Prebisch. Ya en mayo de 1925 había aparecido el «Manifiesto de *Martín Fierro*», redactado por Oliverio Girondo.

1926 Leopoldo Marechal publica *Días como flechas* (poemas). Con prólogos de Vicente Huidobro, Jorge Luis Borges y Alberto Hidalgo se publica el libro antológico *Índice de la nueva poesía americana.*

1927 Se publica *Exposición de la actual poesía argentina* (antología 1922-1927).

El estridentismo mexicano

1920 No exactamente estridentista, pero sí ubicable en la corriente vanguardista, se publica en este año *Li-Po y otros poemas* de José Juan Tablada.

1922 Manuel Maples Arce edita la revista *Actual* y

146

publica su libro *Andamios interiores* (poemas).

1923 Luis Quintanilla, *Avión* (poemas).

1924 Maples Arce publica *Urbe* (poemas).

1925 Salvador Gallardo publica *El pentagrama eléctrico* (poemas).

1926 Arqueles Vela publica *El café de nadie* (prosas); Germán List Arzubide, *El movimiento estridentista* (prosas). Se publica, en Jalapa, la revista *Horizonte,* hasta 1927.

1927 Maples Arce edita su tercer libro de poemas: *Poemas interdictos.*

Modernismo
(vanguardismo brasileño)

1914 *O Estado de São Paulo* publica el primer artículo sobre el futurismo, del profesor Ernesto Bertarelli: «Las lecciones del futurismo».

1915 Se publica *Orfeu,* revista luso-brasileña dirigida por Luis de Montalvor y Ronald de Carvalho.

1917 Anita Malfati realiza su segunda exposición de pintura, recién llegada de los EE.UU.

1917 Mario de Andrade, *Há una gota de sangue em cada poema.*
Manuel Bandeira, *A cinza horas (La ceniza de las horas).*
Menotti del Pichia, *Moisés* y *Juca Mulato.*
Gilherme de Almeida, Nos *(Nosotros)*
Murillo Araujo *Carrilhoes (Rieles).*

1921 Se lee públicamente *Era uma vez* de Guilherme de Almeida.

1922 Semana de Arte Moderno.

1924 Manifiesto del grupo Verdeamarelo.

JAIME DUQUE DUQUE
La poesía de León de Greiff

> «La poesía parecía ser cosa seria. Poesía no es sino Nadería. ¿Qué más puede ser Ella?»
>
> (L. DE GREIFF, *Cancioncilla*.)

Esta es la hora en que no se sabe cómo escribir sobre León de Greiff. No existe hoy en Colombia una obra tan desconcertante como la suya. Que el lector se pare a reflexionar en el calificativo: *desconcertante*. Se emplea aquí con toda su gravidez de enigmas, de cuestiones no resueltas y de asombros y premoniciones que se arremolinan en el laberinto verbal de esta obra a la vez tan repelente y tan seductora.

Los datos biográficos que del personaje tenemos aún no serían base para modular de corrido el alfabeto de su poesía. Esta no se parece a nada de lo que escribieron sus compañeros de generación, «Los Nuevos»[1] de cuya revista homónima De Greiff fuera cofundador en Bogotá en 1925. ¿Por dónde comenzar el asedio del barroco mundo lírico de León de Greiff? Por aquí, precisamente, por la definición de su barroquismo. En un ensayo sobre la novelística latinoamericana, afirmó Alejo Carpentier que el barroco es por esencia, por *contexto*, el estilo de nuestra cultura. Las mejores muestras del arte y la literatura latinoamericana se inscriben dentro de ese panorama de cuerno de la abundancia (de formas y excrecencias) que se conoce como *lo barroco*.

Desde sus primeros poemas —entre 1914 y 1915— De Greiff aparece como un anticlásico (no, no es indiferente al clasicismo, lo odia cordialmente cuando escribe). Ni siquiera llamará libros a sus volúmenes de versos, sino que los subtitulará desde *Tergiversa-*

---

1. «Los Nuevos» eran: León de Greiff, Felipe y Alberto Lleras Camargo, José Mar, Eliseo Arango, Abel Botero, Francisco, y José Umaña Bernal, M. García Herreros, Germán Arciniegas, Jorge Zalamea, José Enrique Gaviria, C. A. Tapia, Luis Vidales y Rafael Maya.

ciones (Bogotá. Tip. Acosta, 1925), «mamotretos»: primer mamotreto, segundo mamotreto, etc. En el primero incluyó lo escrito entre 1914-1922. Dedicó este libro, no a las Musas, ni a los Antepasados, ni a la patria, ni a la Amada, sino «a los 13 Panidas».[2]

Anticlásico, aunque se valdrá con relativa frecuencia de la forma soneto, modelo casi tan «castizo» como el romance octosílabo. El uso a que somete esa forma es desde el principio una «irreverencia» de sabor juglaresco. Introduce en el soneto una mirada caprichosamente satírica o «irresponsable» que descompone la solemnidad del vetusto modelo. Es famoso el soneto inicial de *Tergiversaciones* en donde el joven poeta desanima, con su autorretrato, al espíritu romántico y de paso abofetea con sus referencias vernaculares al postizo europeísmo de los refinados de moda:

Porque me ven la barba y el pelo y la alta pipa
dicen que soy poeta..., cuando no porque iluso
suelo rimar —en verso de contorno difuso—
mi viaje byroniano por las vegas del Zipa...,

tal un ventripotente agrómano de jipa
a quien por un capricho de su caletre obtuso
se le antoja fingirse paraísos... al uso
de alucinado Poe que el alcohol destripa!

«Lo clásico» es una noción antigua y realmente aristocrática: lo que tiene «clase», dando a esta palabra el sentido de lo superior, lo excelso, lo noble, lo que se produce al más alto nivel en la escala de valoraciones de una determinada cultura. Esta cultura, modelo ideal de «clasicismo», sigue siendo la Grecia antigua, aquella que desde los estudios de Winckel-

2. Los Panidas, grupo formado en Medellín hacia 1915 —año en que publicaron la revista *Panida*, también en Medellín—, fueron trece: León de Greiff, Fernando González, Félix Mejía Arango, Jorge Villa Carrasquilla, Tedomiro Isaza, Ricardo Rendón, Jesús Restrepo Olarte, Eduardo Vasco, Rafael Jaramillo Arango, José María Mora Vásquez, José Gaviria Toro, Libardo Parra T. y Bernardo Martínez Toro. Estos nombres y otros datos biográficos aprovechados aquí, nos fueron suministrados por el arquitecto Hernando José Camargo Quijano, compilador de los trabajos de De Greiff, corrector de sus obras y greiffiano escrupuloso.

mann y la poesía de Hölderlin dio curso a la expresión «milagro griego». Clásico llegó a ser entonces lo que según la imaginación de los críticos en cada momento se aproximaba a la eficaz relación forma-contenido que se descubre —y «se sabe» que tuvo dentro de los contextos de la vida griega— en casi todo lo que se conserva del arte, la literatura y la filosofía griegos anteriores a la decadencia helenística. En suma, lo que en lenguaje de la mejor alcurnia matemática se denomina «proporción».[3]

De Greiff empieza desconfiando del sentimentalismo que desborda el lenguaje, y del esteticismo, que lo congela. Ambas tendencias, la sentimental romántica y la olímpica decorativa de los parnasianos, conviven también en él, pues en verdad subyacen a toda inclinación poética posible. La autoironía conforma y anima desde el origen de su escritura el personal estilo de De Greiff. Muchas veces el punto de partida de sus versos —de los que, por lo demás, nunca se podrá decir que son *canto*— parece hallarse en el puro entretenimiento lingüístico, lo cual ha servido para atizar la leyenda de una finalidad primordialmente musical, ultraliteraria, en la obra greiffiana. No puede negarse, sin embargo, el papel jugado en ella por las reconocidas aficiones musicales del autor. Rafael Maya hasta sostiene que: «Algunas de sus poesías son verdaderas transcripciones de los temas melódicos y uno de los mayores esfuerzos que ha hecho el idioma para lograr la naturaleza y los efectos de la música.»[4]

3. Como idea provisional se nos ocurre una asociación ilustrativa del barroquismo americano: la arquitectura griega —se piensa en la Acrópolis— es «proporcional», aun en los adornos distribuidos sobre la estructura fundamental de la obra, mientras que en la arquitectura centroamericana precortesiana (y luego en la española y la francesa adaptadas en este Continente) las estructuras de las pirámides truncas y de los templos y palacios, simétricas y funcionales como cuerpos completos, se van recargando de dibujos y relieves que ostentan un verdadero horror al vacío. Parece como si entre los clásicos el espacio fuese *continuado, corregido* y *domesticado* en la obra *arquitectónica*, dejada atrás la fase de la simple lucha animal por el albergue, en tanto que entre los americanos ese mismo espacio natural, geográfico, estaría sin cesar *conjurado* por la vivienda humana.

4. Rafael Maya, *Estampas de ayer y retratos de hoy*, Bogotá, ediciones de la Revista Bolívar, núm. 80, Edit. Kelly, 1954.

La inteligibilidad de la poesía habíase confiado, para los lectores colombianos, a un sistema de referencias a la vida diaria, al pasado histórico o mitológico y a los hechos más comunes de la sensibilidad amorosa, estética o religiosa. Esto en cuanto a los temas. En lo referente a la expresión, del poeta se esperaba una actitud *seria*, de oficiante, aunque la lógica de los preceptistas y del sentido común fuese desdeñada: el vanguardismo europeo que advino con la primera guerra pisoteó la lógica formal que hacía parte de la idea de «lo bello y lo sublime» a que Kant se había referido en términos accesibles para la mayoría semiletrada. Así considerado, León de Greiff es un vanguardista. Con él la poesía colombiana se libera frenéticamente de la comprensibilidad tradicional y rehúye a conciencia los gustos contemporáneos, aun a riesgo de dar un salto al vacío (reverencias aparte, creemos que en más de una ocasión el poeta da ese salto y se pierde en el galimatías: buscando lo inexpresable, o lo «musical», es devorado por la Incoherencia). En términos nada originales, por cierto, él mismo nos dice en *Prosas de Gaspar*, la VI:

«La poesía —yo creo— es lo que no se cuenta sino a seres cimeros, lo que no exhiben a las almas reptantes las almas nobles; la poesía va de fastigio a fastigio: es lo que "no se dice", que apenas se sugiere en fórmulas abstractas y herméticas y arcanas e ilógicas para los oídos de esas gentes que han de leernos a "nosotros" los poetas... Entre esas gentes, el bardo sea siempre la Esfinge muda y quieta y sellada. El azaroso enigmatista que interroga y se engulle a los viandantes.»

Así afirma el poeta su capricho y su gratuidad, una «libertad creadora» que, de tan agresiva, amenaza la comunicación. En donde la palabra le hace guiños al silencio, pero no porque, como en la prosa que Valéry soñaba, pase inadvertida de lo necesaria, sino porque es tan soberbia en su intencionalidad que aspira a sobrepasar la naturaleza del Verbo.

Mas el programa esbozado en la sexta prosa de Gaspar no se cumple al pie de la letra, y en ello se parece a cualquier otro programa. En la copiosa producción publicada por De Greiff podríamos contar decenas de poemas en los cuales una lectura cuidadosa descubriría rápidos accesos a la ensoñación lírica más amplia: «Relato de Sergio Stepansky», «Relato de Hárald el Oscuro», «Variaciones sobre un añejo temilla», y numerosos sonetos, cancioncillas, relatos y baladas... De Greiff aparecerá contradictorio si se le toma en una sola dirección, si nos empecinamos en exigirle al poeta algo así como la previsión del estadista. Pero se revela coherente, fiel a su propia ley de crecimiento interno, si se tiene la paciencia y —¿por qué no decirlo?— la perspicacia de rastrear las ocultas conexiones que ligan a un centro hasta las más lunáticas errancias de su imaginación. Captaremos dos rasgos que se encuentran desde su libro inicial (*Tergiversaciones*, 1925) completamente acusados y que no se atenuarán en prosa ni versos a lo largo de cuarenta años de incesante escritura. Son ellos el humor y el barroquismo. Humor negro, macabro a veces, como el «Relato de Sergio Stepansky»:

—...*cambio mi vida*...

....

por las perlas que se bebió la cetrina Cleopatra—
o por su naricilla que está en algún museo;
cambio mi vida por lámparas viejas,
o por la escala de Jacob, o por su plato de lentejas.
¡o por dos huequecillos minúsculos
—en las sienes— por donde se me fugue, en gríseas
      [*podres*
toda la hartura, todo el fastidio, todo el horror que
      [*almaceno en mis odres...!*
Juego mi vida, cambio mi vida,
de todos modos la llevo perdida...

Humor alegre, con juegos de palabras y mucha malicia sexual, como en el poema titulado «Interludio Cantabile Assai Faceto», de la serie «Secuencias de Secuencias». Se habla allí de las relaciones posibles entre Dante y Beatriz:

Cuenta, y nunca acaban, que Alighiero
—los más discretos no le dicen Dante—
hizo diez veces lo que fago —espero—

renglones cortos. Era asaz constante
para la tersa rima, sin que —es obvio—
desdeñase otras rimas...

....

Beatrice era etérea —¿quién lo duda?—
pero... ¡cuán ígnea! El fauno, tras su siesta
—si no el de Mallarmé— lá hubo desnuda
    largas horas, si breves, sobre el prado:
    Mirándola el ombligo como Buda

se mira el propio? —¡oh, no! Desaguisado
fuera del tonto —tras de desatento—
concretarse al ombligo más honrado

frente al arqui-anatómico portento
    de Beatrice yacente y ya anhelosa
    del fáunico homenaje vivo y lento

Del verso: «Mirándola el ombligo como Buda», el poeta saca una nota «aclaratoria», a propósito del gerundio «mirándola», que le da ocasión para jugar con la reminiscencia del nombre del humanista Pico de la Mirándola. Entonces leemos al margen: «El fauno X: no se alude a Pico de la Mirándola: que sí hubiera clavado el pico...»

He ahí un antecedente más, en Colombia, de ciertas piruetas formales de los últimos años.[*]

También lo bucólico y lo erótico se conjugan sin que se pierda la sonrisa de siempre, aunque las referencias eruditas atenúen gradualmente el humor primitivo. Entre muchos ejemplos posibles, tenemos la «Canción de Rosa del Cauca» (*Cuarto mamotreto*):

Cerca de donde júntase
la Comiá con el Cauca,

---

[*] El autor hace alusión obvia al movimiento nadaísta que surge en 1959-60 en Colombia. (*N. del E.*)

Rosa pícara vivía
—del campamento lujuriante Hada.

Guisos cuán apetitosos
mano albi-roja guisaba
—¡Rosa maritornes única!
(mejor sus manos rosa-albas,
frentes, mejillas que la fiebre dora
frentes, mejillas que la fiebre exalta,
acariciaban —gaviotas
sobre la mar que hispe la borrasca—).

Oh Rosa de mis besos
y en su bocà vibrátil...
(tibia aljaba
de la lengua vivaz —venusina
flecha para mi boca sansebastianizada...—)

...

Cerca de donde júntase
la Comiá con el Cauca,
Rosa pícara vivía
—síntesis de Nínones y de Aspasias.

Por ella, riñas, enojos,
celos, duelos, algaradas:
Rosa, Helena de esa Troya,
mucho más hembra que la Helena clásica!
Rosa de los labios gordezuelos
y los perfectos muslos y las róseas cúpulas elásticas!

Rosa..., fugaba con los años idos...
¿Dónde amarás ahora, Venus de Bolombolo, Tais del
        [Cauca?

Puede verse cómo el léxico arcaizante, en De Greiff,
está al servicio de su vena humorística —es esa
misma vena—, y ello de modo permanente. Con el
mismo fin se vale el poeta de la consonancia y de
su obsesiva predilección por las asociaciones musicales entre palabras, de las que también citaremos
breves ejemplos. En el mismo poema sobre Dante
y Beatriz, viene esta estrofa:

Punto se pone aquí. ¡Deténte, cálamo!
No ante el tálamo, etcétera, que eludo
por ahora —era un tálamo de álamo—
sino porque Beatrice es caso crudo.

De la «Balada de los Búhos Extáticos», de 1914, o
sea de los diecinueve años:

El búho más lejano su voz de flauta hila...
El que le sigue canta como un piano de cola,
un otro es la trompeta, y entre la batahola
se acentúa el violín, y todo el coro ulula
la macabra canción que el conjunto regula.
  y la luna sigue lela,
lela,
  y sigue la trova paralela...

Y en la «Décima epístola a Baruch», del Quinto
mamotreto:

Luna: pastel de aljófares para el juglar bulímico
—alquímico juglar funámbulo— de acordes
fautos que el viento llévase con estupor de númico
funámbulo alelado —Pierrot hasta los bordes—,
Pierrot como no hay otro bajo la luna, bajo
el hechizo lunario...

....

La pirueta verbal, esa danza en fuga del idioma al
sesgo de las asociaciones auditivas hasta fuera del
límite de la mera comunicación de una imagen o
un pensamiento, sólo conoce un claro antecedente
en lengua española: Góngora. El adjetivo «gongo-
rista» sería pues aplicable de cierta manera a León
de Greiff. Pero no es suficiente. Góngora es ascé-
tico, metafísico, profundamente serio. Está antes
del Romanticismo y aun encierra premoniciones de
dicha futura rebelión. De Greiff es escéptico y sensual, se comporta sardónicamente con la metáfora,
abomina de ese romanticismo agonizante que todavía
le alcanza. Parece no sentir eso que los creyentes a
lo Chateaubriand dieran en llamar «vacío de Dios».
De un lado es cierto que propone la vocación poética
como una *gracia* de iniciados y un *don* de elegidos,

mas del otro hace gala de su convicción subconsciente de que la empresa lírica —como lo observó Sartre con Baudelaire— es pura voluntad de fracaso.

De Greiff quizá no toma en serio ni siquiera el lenguaje que no sólo le sirve de *medio,* sino que constituye toda su razón de ser poeta. Lo juglaresco del espíritu poético popular le invade en ocasiones. Él mismo se anuncia como tal en «Preludio-lento» del «Poema Equívoco del Juglar Ebrio», *Libro de Signos:*

> Por ahí viene el Juglar Ebrio
> diciendo versos.
> Por ahí viene diciendo versos
> droláticos y heréticos.
> Por ahí viene cantando su trémulo
> miserere, cantando su treno
> funéreo.
> Cantando viene... ¡Silencio!
> ¡Cantando y riendo y llorando, el Trovero!

Y más adelante, en «Interludio-Lento», del mismo poema:

> ¡Por ahí viene el Juglar Ebrio
> diciendo versos:
> por ahí viene diciendo versos
> droláticos y heréticos;
> por ahí viene diciendo versos
> desnivelados y asimétricos,
> disparatados e inconexos.
> Por ahí viene cantando su trémulo
> miserere, cantando su treno
> funéreo.
> Cantando viene... ¡Silencio!
> ¡Cantando y riendo y llorando, el Trovero!

El esguince humorístico en De Greiff es antes que nada la constante autoironía de un espíritu antirromántico en la idea y anticlásico en la forma elegida con singular precocidad. Se sabe bloqueado y superado por las contexturas de la vida contemporánea. Tal es la intuición esencial de De Greiff. Ya en la adolescencia sus versos tuvieron un punto de partida *distinto.* A los veinte años se expresaba en tono disciplicente, como si no tomara en serio su propio personaje-poeta. Ahí hay una reacción estrictamente intelectual. Creemos posible que en un medio en el cual los sentimientos religiosos, políticos y amorosos alcanzaban a diario las cimas de lo cursi, el joven literato descubriera muy temprano el doble juego del filisteísmo patriarcal: éste el origen de la conciencia epigramática y satírica de intelectuales menores de veinte años. En Fernando González, antioqueño como De Greiff, nacido en el mismo año, 1895, y compañero suyo también entre los «Panidas» de 1915, se observa igual comportamiento literario y social desde el principio: humor disolvente, libertad de estilo, individualismo agresivo, escepticismo en cuestiones religiosas y políticas, etc.

A fuer de enemigo de la Academia, este poeta se arrogó facultades que ningún predecesor, contemporáneo o sucesor suyo en Latinoamérica —que sepamos— se tomó nunca. El idioma nativo le vino escaso a su hambre de polivalencias verbales, y entonces fue llenando su obra de anglicismos, galicismos, italianismos, germanismos, etc. Toma del habla más arcaica y de los últimos neologismos, de la germanía peninsular y de nuestro folklore. Hay trabajos suyos carentes al parecer de finalidad comunicativa, que están ahí *per se*, como ciertas exposiciones de Pop-Art. Y los hay también como buenas muestras de escritura onírica, monólogo interior, libre asociación que se desarrolla simultáneamente en varios planos de la conciencia, y cuyo modelo pudiera ser el extenso «Poemilla de Bogislao-Relato de relatos derelictos» (*Séptimo mamotreto*).

El registro lírico de De Greiff es casi inabarcable. De 1918 tenemos estrofas compuestas a la manera arcaica, de minuciosa factura y festivo tono de parodia, tales como las del poema «Fablaban de trovas»:

Fablaban de trovas apuestos garridos
troveros vinientes de dulces Provenzas;
decían concetos sotiles e suaves
como a las sus manos de la mi Princesa...

> Decían primores de Aglaes e Lauras,
> e de Cidalisas e de Magdalenas;
> tañían rabeles e flautas e violas,
> e vinos bebían en áureas crateras...

> Vinos de Borgoña, vinos de Champaña,
> e los vinos pálidos de los Rhines lueñes
> todo entre los coros de canciones gayas,
> epigramas áticos e lindos rondeles...

....

En ocasiones asoma la burla al sistema de la rima perfecta, llevándola momentáneamente en su aplicación a una bobalicona fidelidad que de tan obvia en su consonancia se hunde en el ridículo. Finalidad burlesca, sí, pues en la abundancia de recursos que caracteriza el trabajo poético greiffiano, por una parte; y, de otro lado, conocida su tendencia profunda y omnipresente a la caricatura y al humor, no otra intención que la satírica nos parece evidente en dichas *simplicidades*. En tal sentido cabe citar algún ruborizante terceto de la «Balada de los Búhos Extáticos», de 1914:

> El padre de los búhos era un búho sofista
> que interrogó a los otros al modo modernista
> los búhos contestaron, contestaron la lista...

Desde una fecha tan temprana en su vida como el año 1914, De Greiff alternaba con todas esas formas el poema de sátira al medio pueblerino, al estilo del cartagenero Luis Carlos López. El titulado «Villa de la Candelaria», fechado en aquel año y recogido en *Tergiversaciones*, se parece de modo sorprendente a otros del «Tuerto» López:

> Vano el motivo
> desta prosa:
> nada...
> Cosas de todo día.
> Sucesos
> banales.
> Gente necia,
> local y chata y roma.
> Gran tráfico

en el marco de la plaza.
Chismes,
catolicismo.
Y una total inopia en los cerebros...
Cual
si todo
se fincara en la riqueza,
en menjurjes bursátiles
y en el mayor volumen de la panza.

Este poema juvenil no sólo se funda en las mismas impresiones y en parecidos juicios intelectuales sobre las limitaciones de la existencia pueblerina que encontramos en la obra del cartagenero, sino que la similitud se impone hasta en las palabras usadas para transmitir aquella cotidianidad conformista, atacándola, «cosas de todo el día», «gente necia», «chismes», «catolicismo»...

Sin abandonar la sonrisa —que está en la fuente primera de su estilo—, De Greiff se torna fácilmente amoroso con toda la hondura de su romanticismo sofrenado y culposo. Una de las muestras mejores, por su nostálgica evocación de la mujer amada, la tenemos en «Variaciones sobre un añejo temilla» *(Séptimo Mamotreto)*. Calificar «añejo temilla» al amor, motivo del poema, es ahí un auténtico conjuro por el humor soslayado y distanciador, que el poeta —romántico arrepentido y culposo— se siente obligado a poner por delante de su aventura expresiva en tales trances...

Venías de tan lejos que ya olvidé tu nombre,
De afincada en lo hondo, no sé cómo te llamas,
* De que no te hayas ido, testigo la ceniza*
fría —rescoldo extinto de lo que fueron llamas
arrebatadas, piras, flámulas del incendio:
* Venías de tan lejos que ya olvidé tu nombre.*
¿Cúyo tu nombre? ¿Cómo te llamas? Hubo damas
de asaz cimera estirpe, y —ante tu nombre—
*   anónimas*
hembras fueron, magüer reputados epónimas:
luminarias de escándalo, faros de vilipendio
ilustres superféminas sólo por su virtuosa
maestría: en las lides venustas impecables.

159

Venías de tan lejos que ya olvidé tu nombre...
La Musa, la Combleza, la Vestal, la Novicia.
La Cortesana, el Amor Puro... Mas ignoro
  las letras de tu nombre que antaño fueron nema
  que antaño fueran sigla del más fúlgido oro,
  que antaño fueran cifra de mi blasón, emblema
  sobre mi escudo y símbolo: sellos de la Delicia
De haber sido tan mía..., no sé cómo te llamas:
  ¡Venías de tan lejos que ya olvidé tu nombre!

Y seguiremos encontrando matices, variaciones de aquel inicial desdoblamiento del poeta en arúspice de la Belleza de los *estetas*, de un lado, y en juglar autoepigramático, del otro. El romanticismo, que a cada instante amenaza con la seriedad de su añoranza, es castigado con un lenguaje que trata de conservar la distancia de la conciencia crítica. La misma «gloria» literaria se vuelve dudosa, pues todo parece desplomarse a la hora de las secretas, íntimas confrontaciones entre lo que la antigua fe buscaba y lo que las posibilidades actuales exigen, sin que, entre tanto, se pueda estar seguro de que lo que ahora se hace corresponda a la nueva realidad. Así la autoironía alterna con la ansiedad del artista que no podrá dejar de interrogarse acerca del sentido y la suerte final de sus trabajos. Esta ambigüedad se extiende como una mancha de aceite en la superficie de la imaginación, como si algo muy grávido y vivo acabase de naufragar calladamente en la palabra del poeta. La desazón nos invade con el poema «Secuencia del Mester de Juglaría» *(Quinto mamotreto)*:

¿Seré fautor de la inútil fazaña
¿Seré cultor de la imbele folía?
Mester de juglaría
a nadie daña,
ni al sol deslustra ni mi cifra empaña
ser ogaño el juglar que ayer solía.
Dále que dále entonce a la zampoña,
sópla que sópla el agridulce oboe:
no serás Edgar Poe.
—azul ponzoña—.
Shakespeare menos —la encina no retoña—.

Dále que dále, a que la trinca croc.
¿Seré fautor de fazaña manida?
¿Seré cultor de locura mansueta?
¿Claudicante poeta?
¿Gélido panida?
¿A las que restan soltaré la brida
breves horas, frenético ulisida?

Mester de juglaría es Arte ilustre
non ad-usum de chirle o petimetre.
No en la cholla penetra,
o del palustre
ni del pavón, por más que afeite y lustre
su pluma el gallináceo perilustre.

Ni habían de faltar las resonancias épicas en un
lirismo de buena ley, según ocurre con el «Relato
de Hárald el Oscuro» *(Cuarto mamotreto).*

Oh playas verdeantes de algas marinas, sobre
las guijas de estridente diamante y flavo cobre.
Oh piélagos preñados de la cálida voz de las sirenas.
Oh piélagos que nutre denso susurro: trenos
de náufragos a la deriva por sus senos
procelosos, y que ya dormirán en las ondas serenas.
Yo anhelo tus ilímites planices: hielos glaucos,
nieblas, nieblas —última Thúle— para ulular mis
                    turbios himnos raucos!
Yo soy Hárald, soy Hárald el Oscuro.
Todos los viajes, todos mis viajes, son viajes de
                    regreso.
Yo torno ahora, retorno ahora del azur y hacia el azur.
Violada luz diaprea sus rútilos zafiros.
Voz de sangre sus zafiros denigra.
    Mas no otro azur desea mi vagabundo sueño:
    ¡Sólo ese azur cebrado de violas, ese azur ocelado
                    de abenuz...!
Yo soy Tristán de Leonís: ligera,
por todos los Océanos nuestra nao pirata
discurrirá indolente, con viento ameno o duro;
bajo la lumbre de topacio
del sol;
bajo la luz morena de la rosa de plata;
o en la noche ceñuda —lúgubre y agorera—.

Por todos los océanos nuestro amor, y el espacio
sin lindes, y el ensueño, y hacia lo ignoto navegar
Por todos los acéanos nuestra libre galera:
y en el palo cimero la flámula escarlata.
con una rosa endrina,
y en nuestro corazones la rosa purpurina
y la flámula negra...

Los fragmentos copiados hasta aquí, además de ilustrar algunas de las variaciones temáticas y estilísticas de la obra greiffiana facilitarán la comprensión de lo que denominamos barroquismo (denominación insuficiente, de connotación relativa, pues ante un poema como el «Relato de Hárald el Oscuro», grande entre los grandes, el mundo lírico creado por el poema, e irradiado como a pesar de su secreta distracción, sigue girando entre sus lumbres por el intento de *mediación* que es todo ensayo crítico). La proliferación del adjetivo y el sustantivo curiosos, sorprendentes y aun excéntricos en dicha obra; su voluntad de *rareza;* los entrelazamientos laberínticos de su expresión: todo ello está retomando, si bien con un giro muy enérgico y viril, el viejo gusto modernista por lo *suntuoso* y, desde luego, realizando literariamente el principio del barroco. Pero es un barroco obsesionado por ese pensamiento abstracto al que De Greiff se acostumbró desde joven. Musicólogo, ajedrecista, contabilista y estadístico profesional, experto en crucigramas, aficionado al álgebra y a toda suerte de ejercicios numéricos, De Greiff se acerca intelectualmente a algunos de los más eximios simbolistas y hermetistas franceses. Mallarmé y Valéry también buscaron secretas afinidades entre matemática y poesía. En ellos, sin embargo, la noción algebraica del lenguaje derivó al poema *esquemático*, que viene a ser como la huella dejada por la idea en su evasión hacia lo absoluto, vale decir hacia su aniquilamiento. Esto ya no es barroquismo. En literatura lo barroco empieza con el afán por totalizar tanto la realidad física como las sensaciones *en el proceso de la expresión*. Pretender nombrarlo todo, sugerido todo, es proponerse lo barroco por tarea. Al nivel de la literatura volvemos pues a encontrarnos con el horror al vacío que había inspirado la ornamentación barroca en América y Europa y que, según Hegel, manifestaba el caos de las formas en el mundo asiático... En su oficio de poeta, De Greiff aboca el idioma y el mundo en torno como si se tratara de descubrirlos y de valerse de ellos por vez primera y última, recomenzando y agotando así en raudo ciclo el milenario trabajo de la voz humana: genuina vocación de nombrador. Entonces arrastra consigo aluviónicamente las palabras que se habían fosilizado en todos los diccionarios. Tal un cíclope en acoso hacia el aire, remueve capas y capas de significaciones.

Y puesto que *nada se había dicho nunca*, él (Robinson y Narciso) querrá decirlo *todo para siempre*, y a sí mismo antes que a nadie. Así comienza por bautizarse con numerosos efímeros y exóticos nombres: Matías Aldecoa, Leo Legris, Gaspar de la Noche, Don Lope de Aguinaga, El Ebrio, Miguel Zuláibar el Exilado, Sergio Stepanovich Stepansky, Erik Fjordson, Claudio Monteflavo, Ramón Antigua, El Skalde, Diego de Estúñiga, Gaunnar Tromholt, Proclo, Hárald el Oscuro, Guillaume de Lorges, Baruch, Alipio Falopio, Pantonto Bandullo, Beremundo el Lelo, Palamedes, Apolodoro, El Catabacaulesista, Bogislao, Abdenagodonosor el Tartajoso o Tartamudo... Estos nombres fabulosos no son máscaras únicamente, como suelen serlo los seudónimos, sino verdaderos señuelos que la imaginación del poeta se inventa para soñar, con cada uno de ellos, otra vida posible del mismísimo León de Greiff. Queremos decir que su manía de los seudónimos no es tal manía, sino parte de su método personal de imaginar, de acceder al lenguaje mediante una mitificación incesante del propio yo —con quien todo verbo principia y en quien se disuelve unívocamente al fin en la desintegración de la conciencia—. En este sentido llega a ser *generadora de estilo*, elemento consubstancial a sus fabulaciones, verdaderos personajes simbólicos y abre-puertas en torno a los cuales y desde los cuales irán cristalizando los mitos. En las prosas líricas, con las que prosigue la elaboración del mito, abundan las referencias autobiográficas, siendo así que en ellas se habla de Bogislao, de Beremundo el Lelo y los demás.

163

En *Prosas de Gaspar,* la diecinueve (XIX), declara: «Mi verdadera vocación es el silencio. Mi vicio incoercible, la aridez. Mi solo crimen, la soledad.»

No se requerían más palabras para definir al hombre de recintos cerrados —o de altas cimas— y actitud defensiva frente a la invasión de los Otros. Comprendemos con ello que todos los tímidos son Gaspar de la Noche y Hárald el Oscuro. Pero también pueden ser Zarathustra. En efecto, además de la verdad sicológica que se acaba de formular, estas frases de Gaspar recuerdan no poco al personaje de Nietzsche, escritor que fue muy leído por la generación de León de Greiff, y no sólo en Colombia, sino en todo el Occidente. En general, bajo los desdenes filosóficos de De Greiff, y no sólo en Colombia, compañero «Panida» Fernando González, hay reminiscencias del *tono* del filósofo y poeta alemán, cuya influencia se expande universalmente hasta más acá de la primera posguerra. Pero nuestros particulares contextos socio-políticos inclinaban la inconformidad literaria de los jóvenes más imaginativos hacia el humorismo, único proyecto realizable, por entonces, para la conciencia crítica: objetivamente la sociedad campesina, preindustrial, confiada por entero a instituciones, fórmulas y valores del pasado colonial y teocrático, no postulaba exigencias propiamente políticas contrarias al orden tradicional. Hasta 1930 permanecían remotas las condiciones objetivas y subjetivas para la organización de un verdadero movimiento o partido revolucionario, pues la población obrera, en sentido moderno, era mínima, y ésta provenía inmediatamente del campo y del amplio sector artesanal urbano. Los escasos soñadores «izquierdistas» eran verdaderos utopistas en ideas y en amagos de acción. En cuanto al campesinado, que ahora es el apoyo más firme de las revoluciones en los países dependientes, tenía aquí en aquella época todavía menos probabilidades de contar para nada como sujeto rebelde.

A través de los talentos más avisados y más en conflicto con el medio, la literatura anticipa ciertos combates esenciales por el método de mayor recibo entre las minorías cultas, esto es, el humorismo en sus diversos grados de intensidad y de elaboración estilística. Para no referirnos sino a la región del país de donde es oriundo De Greiff, nombraremos junto con éste a Fernando González, Luis Donoso y Rafael Arango Villegas, y al caricaturista Rendón. Todos se formaron a comienzos de este siglo. Y Tomás Carrasquilla, quien se encontraba en su madurez, se expresaba también oralmente y por escrito con humor corrosivo (piénsese nada más en «San Antoñito» y en «Luterito» o el «Padre Casafús», para no sobreabundar en títulos de sus obras).

La prosa XIX de Gaspar, cuyo comienzo hemos citado, continúa:

«La risa o la sonrisa o el rictus: tácitos glosadores de los fenómenos circundantes y del espectáculo grotesco. Tácitos, pues no es sonora mi risa —tumulto latente.

»¡Ah, las intraducidas burlas! ¡Ah, la nunca espetada ironía! ¡Ah, los sarcasmos suculentos, la buida gorja, la alacre befa, el comentario acre, el peregrino escolio! Tácitos. Jamás oídos.»

El contenido del sesgo humorístico de la poesía greiffiana se nos entrega ya en esta «prosa», que forma parte del ciclo escrito entre 1918 y 1925, fechas anotadas bajo el título general del volumen. Son harto explícitas, sobre todo las palabras con que el autor clasifica su risa, su sonrisa o su rictus, a saber: «tácitos glosadores de los fenómenos circundantes y del espectáculo grotesco».

Su rebeldía no le indujo a escribir poesía política, quizá en parte por las circunstancias arriba anotadas como condicionantes de la delimitación o reducción de la inconformidad al campo meramente literario. La única frase que por su acentuación y por el nombre que exalta (el de Lenin) podría tomarse a contrapelo como políticamente comprometida, va al garete sin conexiones visibles con las que la preceden y suceden en medio de un párrafo de la prosa intitulada «Preludio», que sirve de introducción al poema «Suite de Danzas», en el *Libro de Signos*. La frase, consignada en 1923, dice:

«Lenin el rojo porta la enseña por más que gruña la historia hez...»

Si acaso fue tal su intención a los 28 años, en esto consistiría el homenaje literario de León de Greiff, amigo y contertulio de intelectuales izquierdistas de las primeras décadas del siglo, al entonces recién nacido Estado proletario de los Soviets.

Empero, De Greiff al fin y al cabo no se retraería del cómodo sanedrín por la vía política, sino por la vía literaria. No siendo persona de recursos económicos propios, ha subsistido de su trabajo en empleos secundarios. Rara vez en puestos figurativos, pues aunque ofrecidos en ocasiones por amigos influyentes, el poeta los declinaba a fin de no enajenarse a lo que contrariase su más íntima elección. Al igual que todo artista genuino, en esto De Greiff deberá ser considerado como un hombre lúcido en cuanto a la salvaguarda de sus fines. Su obra, por su variedad, sus calidades y su volumen, lo demuestra a las claras. Contra su honda decisión de crear y conjurar no prevalecieron los prejuicios a la moda —basados en esquematizaciones encubridoras de otros problemas— acerca de las reales posibilidades de trabajo cultural en los medios tropicales. No son fatalidades geográficas ni raciales lo que, a esta altura de los tiempos, frena el proceso de nuestra humanización. Tan sólo son las condiciones sociales del atraso, la superexplotación y la dependencia. Esto debemos repetirlo cuantas veces sea necesario hacerlo y no debemos temer el decirlo sin *eufemismos*.

Es preciso un empeño individual muy firme, una casi mística confianza en el porvenir de nuestra cultura, para persistir, asediado por tantas y tales precariedades, en la empresa literaria. Alguna razón habrá que reconocerles a Carlyle y a Emerson cuando eligieron para sus libros famosos a los pensadores y artistas como arquetipos de lo heroico y representativo al lado de los caudillos y reformadores. Y alguien —aun a costa de graves errores de perspectiva— debía hacernos tomar conciencia de la legitimidad de nuestro asombro ante esos rostros y esas miradas torturadas e imperiosas que emergen del pasado y aconsejan, y cantan, y relatan, y ordenan combatir por el reino de este mundo.

Ahora, consolidado su prestigio, ni siquiera se le piden «mensajes» a la copiosa poesía del eremita.

166

Ella se alza en bloque como un accidente natural, como la roca de El Peñol, y hay que darle la vuelta en peregrinación de jornada entera. De los alegres juegos de palabras, en los que el infantilismo perenne del poeta se goza ignorando inhibiciones creadas al servicio de la deformada concepción que de la adultez humana se hiciera una sociedad actualmente en agonía, De Greiff pasa no menos jubilosamente a los enigmas simbolistas y a las simples notaciones musicales en que el verbo enmudece para cambiar de estado. Y siempre burlándose de su propio lirismo y zahiriendo a los que él sobrenombró «gallináceos perilustres».

«Poesía no es sino Nadería. ¿Qué más puede ser Ella?» —escribió el viejo Leo hace tiempo en alguno de esos poemas que tituló «cancioncillas»—. He aquí una definición *dialéctica* de la poesía en su plenitud. Y orgullosa reivindicación de naturaleza no tasable en dinero. El poeta «no hace nada» *en esta sociedad,* pues no produce plata, o al menos su extraña ambición no se cifra en esto. Él es apenas lo que el joven Maiakovski denominó «la nube en pantalones».

Y sin embargo la poesía es *todo.* Al menos quien así no lo piense y lo asuma no será poeta ni entenderá el meollo de la fabulación. Sí, es una «nadería» en la que va la vida en *paro.*
De Greiff se sabe o se adivina romántico, pero se quiere duro y terso. Se sabe transparente, pero se busca brumas en las espirales del verbo arcaizante y exótico. Pudo tener algún par entre los de su grupo de los «Panidas», aquellos insurgentes antioqueños de 1915, pero el hecho, cumplido sin remisión después de una vida, es que no lo tuvo. Fue único.

Dicen que soy sonámbulo, que soy loco, que soy
la mar de cosas malas —para el criterio ambiente—;
que soy frío y abstracto, recóndito, incoherente...
¡ni soy lo que ellos dicen... ni en lo que soy estoy!

(«Facecias»)

Yo vengo de un imperio fantástico, ilusorio,
de un abolido imperio lunario, ultrarreal...

(«Yo vengo de un Imperio»)

Esto fue escrito en 1915. Luego vinieron muchos, muchísimos versos, pues también en términos cuantitativos De Greiff es el más fecundo de nuestros poetas. Se habla de él por algún *ritornelo* y por el baudelaireano «Relato de Sergio Stepansky», pero pocos lo han leído en forma. Y, de entre esta minoría, son más escasos aún los que se familiarizaron con los desconciertos de tan largo viaje al reino de *Todo-lo-dicho* (en su obra *se* dicen *casi* todas las cosas de la sensibilidad y del recuerdo: desde las cuitas de las antiguas cortes de amor, hasta las libres asociaciones del monólogo joyceano; desde la tentación de las Sirenas a los Argonautas legendarios, hasta las nostalgias de Bolombolo y de Aguadas; desde el amor de Helena, hasta las rijosidades del poeta faunesco tras de alguna campesina de los Andes...).

El día menos pensado los medidores de versos harán el inventario de los ritmos utilizados por De Greiff en su lirismo torrencial. Sería un trabajo curioso que académicamente confirmaría la riqueza que el poeta sólo pudo concentrar huyendo de la parsimonia helada de las academias. Tiene algo de *todas* las escuelas y tendencias, desde Petrarca y el Romancero, y desde más atrás, desde el Japón y China y Delfos, hasta la escritura «automática», pero en ninguna de ellas se ha quedado. Sobre esta perspectiva amplificadora, De Greiff ha organizado un cosmos dentro del cual se pueden recorrer órbitas diferentes. En resumidas cuentas, es humorístico, lírico, épico, elegíaco, sensual, abstracto, epigramático... A menudo sentencioso. También se complace a veces componiendo antipoemas, a la manera como Calder armó *esculturas* o móviles suicidas que propagaban, con sólo soplarlas en un punto, por los diversos sectores de su forma ese impulso inicial, hasta aniquilarse inexorablemente en presencia del pasmado espectador.

A León de Greiff le ha sobrevenido «la gloria». Propiamente, su poesía no ha ido a los lectores, sino que éstos han llegado poco a poco, en número creciente, a la obra greiffiana, la más esquiva y desdoblada en espejismo que de poeta americano alguno hayamos conocido.

El Profeta no se ha movido. La Montaña se ha puesto en marcha hacia el Profeta, perezosamente, humildemente, increíblemente.

WILSON MARTINS
El vanguardismo brasileño

Tampoco para la literatura brasileña, el siglo XX nació en el año 1900. Entre esa fecha y el 1922, inicio del Movimiento Modernista,[1] asístese apenas a la liquidación de la herencia ochocentista. Los manuales afirman que el Parnasianismo apareció, en el Brasil, de 1870 a 1900, y que el Simbolismo le sucedió, en un período, sin embargo, oscuramente delimitado. Mas la verdad es que, por una singular coincidencia, Cruz y Sousa (1816-1898) «inauguraba», en 1893, el Simbolismo con los libros más fuertes que la escuela produjo: *Missal* y *Broqueis*, en cuanto al libro definitivo en el que Olavo Bilac (1865-1918) reunió sus *Poesías*, y que bien puede ser tenido como la expresión misma del Parnasianismo, el que había sido publicado en 1888. El Parnasianismo y el Simbolismo se interpenetran, cronológicamente, en el Bra-

1. La expresión «modernismo» aparece, ya sea en la literatura brasileña o bien en la literatura hispanoamericana. La expresión es la misma, pero los movimientos a que se refiere no son idénticos. Su contenido literario, en una u otra literatura, expresa movimientos opuestos. Urge, pues, hacer la necesaria distinción. Así, en el Brasil, se designa por modernismo aquel movimiento fundamental de renovación literaria que procedió contra el sentimentalismo «fin de siglo» y contra el simbolismo y parnasianismo brasileños reinantes en el período anterior a la Semana de Arte Moderno (São Paulo, 1922). En la literatura hispanoamericana el modernismo se refiere precisamente al parnasianismo y simbolismo... aquello, por lo tanto, que el modernismo brasileño combatió. El modernismo hispanoamericano, encabezado por Rubén Darío (cuya influencia sería decisiva para el de España) generaría como evolución aun dentro de sí mismo, mejor, como su autorectificación, el postmodernismo y el ultramodernismo. El modernismo hispanoamericano sólo vendría a ser atacado por el movimiento ultraísta y por el superrealismo (que son, así, los parientes del modernismo brasileño).

sil, porque el primero sobrevive al segundo, si no como «escuela», por lo menos como el «estado de espíritu» más generalizado entre los poetas. La Revolución Modernista de 1922 se hace contra los parnasianos, y no contra los simbolistas; eso demuestra que los primeros, y no los segundos, representaban entonces aquel «pasado inmediato» contra el cual se hacen todas las revoluciones. Y, ciertamente, es el Simbolismo, antes que el Parnasianismo, la escuela que desaparece a la vuelta de 1900; los simbolistas brasileños constituyeron más bien una «isla» en la corriente parnasiana que una estética que la hubiese sustituido. Por lo demás, no hubo sustitución alguna: los simbolistas siempre estuvieron conscientes de constituir una excepción de la regla general, un diminuto grupo de elegidos entre profanos. Cuando Cruz y Sousa muere, en 1898, puede decirse que con él muere en gran parte o desaparece el Simbolismo, al paso que Bilac, falleciendo en 1918, prolonga en sí mismo la vida del Parnasianismo hasta el alborear del Movimiento Modernista.

En efecto, la Semana de Arte Moderno, que tuvo realización en São Paulo, en febrero de 1922, y a partir de la cual suele contarse el inicio del Parnasianismo, no sólo es, como generalmente se piensa, un punto de partida, sino también un coronamiento. Con ella el Modernismo *tomó conciencia* de sí mismo, lo que significa haber comprendido la verdadera naturaleza de las ansias y manifestaciones dispersas que venían repitiéndose, cada vez con mayor insistencia, desde los primeros años del siglo. Cuando la Semana de Arte Moderno tiene lugar, ya el Modernismo *ha madurado*, si no en el gran público, por lo menos entre los intelectuales que, en aquel momento, constituían la parte más viva y creadora de la inteligencia brasileña. La Semana introdujo «oficialmente» un nuevo estado de espíritu y fue, con toda certeza, la más profunda de todas nuestras revoluciones literarias (basta decir que, como veremos, sus repercusiones se prolongaron durante treinta años por lo menos). Ahora bien, ese estado de espíritu no se constituyó de repente y tampoco en el decursar de los meses que le precedieron: posiblemente ha de encontrársele en los primeros síntomas de insatis-

171

facción progresivamente acentuada que un Parnasianismo cada vez más «mecánico» y un Simbolismo poco dinámico provocaron en la juventud literaria.

Los años 1900-1922 señalan, pues, en la literatura brasileña, un compás de espera. Es verdad que, en 1902, Euclides da Cunha (1866-1909) publicaba Os Sertoes; fue y continúa siendo un libro único, así como su autor representa uno de los tipos más extremadamente solitarios. Por su estilo y por su asunto, ese libro era más bien la última llamarada del siglo XIX que el primer fulgor del siglo XX, por el asunto, Os Sertoes se refería a la llamada Campaña de Canudos (1896-1897), expedición militar organizada contra fanáticos que se habían hecho fuertes en aquel lugarejo del Estado de Bahía; en cuanto al estilo, Euclides da Cunha representaba en la prosa una especie de fruto tardío del Simbolismo, por lo menos en lo que se refiere a su amor por las palabras raras, por la objetivación personal y por las imágenes. De cualquier manera que sea, Os Sertoes no puede constituirse en un marco de evolución literaria: el rico linaje de los «estudios brasileños» modernos que, a primera vista, pudiéramos sentirnos tentados a hacer, se inicia realmente mucho más tarde y será, precisamente, una de las consecuencias más fecundas del Modernismo.

Nuestro siglo XX comienza, pues, en 1922 si, como se hace necesario, hemos de datarlo a partir de su primer (y hasta ahora, único) movimiento literario de importancia. Toda la literatura brasileña contemporánea ha vivido, y todavía vive, bajo el signo del Modernismo. Naturalmente, las nuevas generaciones empiezan a manifestar ya su impaciencia contra lo que les parece un vejestorio, un impedimento al progreso. Pero, todavía no han aparecido ni el genio individual, ni la «escuela» capaces de modificar con una actitud vigorosa la dirección que tomamos en 1922. Ello se debe, en gran parte, al hecho de que las generaciones modernistas (y en esta expresión quedan comprendidas todas las que se sucedieron de entonces para acá) han venido presentándose, cada una, con una nítida vocación literaria. En efecto, el Modernismo no se realizó de una sola vez y no produjo de un solo golpe todos sus frutos. Por el contrario, puede afirmarse a grosso modo que los escritores del Brasil contemporáneo, respondiendo a una confusa aunque no por eso menos sensible necesidad histórica e intelectual, se consagraron, no de manera simultánea, sino sucesivamente a diversos géneros literarios. Hablamos de los escritores considerados en conjunto, no individualmente: no se trata de que cada individuo, por ejemplo, hubiese publicado libros de poesía, después novelas, luego de crítica. No. Es que las generaciones se revelaron, sucesivamente, «poética», «novelesca», «críticamente», dando —por lo demás— a su poesía, a su novela y a su crítica la «coloración» particular del momento histórico o social que estaban viviendo. He ahí el porqué el Modernismo logró mantener su vitalidad por tan largo tiempo: es que, prolongándose, se renovaba, permitiendo que por espacio de treinta años los hombres tuvieran una nueva visión de las cosas.

El futuro historiador de ese período de la literatura brasileña ha de verificar que el Modernismo, movimiento pletórico de teorías y de ideas, revolución que fue, en sus inicios, una revolución de manifiestos, lanzó un conjunto de programas que se realizaron poco a poco, fragmentadamente, sin aparente nexo entre sí. De modo que, en un primer período de diez años, el Modernismo fue un movimiento poético: los grandes nombres, los grandes libros, son nombres de poetas (o de escritores que se expresaban en versos), son libros de poesía. La gran novela de esa fase, o nacida directamente de ella, es *Macunaíma*, de Mario de Andrade (1893-1945), especie de extenso y movido poema en prosa, inspirado en los ideales nacionalistas entonces en boga.

Ya el segundo período de diez años se señalaría por una especie de agotamiento de la poesía más específicamente «modernista»; las conquistas ideológicas y técnicas comienzan a sedimentarse, a lograr un estado de mayor equilibrio, menos preocupadas de lo novedoso y se entregan con cierta gravedad (que faltaba un poco a la primera generación) a la construcción de una poesía, digamos, «definitiva»: el Modernismo poético estaba muerto, carente ante todo de aquello que lo había distinguido en los primeros años, o sea, del espíritu crítico, del poema-piada de los funambulismos gratuitos, de las intenciones de escandalizar. No interesa aquí profundizar en este tema, del mayor interés, ni me propongo hacerlo ahora, pero basta confirmar que Carlos Drummond de Andrade (1902) puede personificar con su obra la mejor «poesía modernista» del Brasil para comprender hasta qué punto fue nítida la evolución que apenas indico a grandes rasgos.

Es que esa nueva fase de diez años sería señalada por la aparición del «romance», tan precario en la primera y, sobre todo, por un determinado tipo de «romance» que la caracteriza de manera innegable. Los años del 30 al 40 son los años del «romance» social y, como Nordeste era, tal vez, la sociedad más «típica», más curiosa dentro del Brasil, es también aquella en que la miseria y el sufrimiento se hallaban más imperiosamente presentes, donde las llamadas «cuestiones sociales», por eso mismo, irrumpían con mayor presteza: el «romance del Nordeste» se identificó desde luego con el «romance social». No es por casualidad que *A Bagaceira,* un «romance» de las sequías, inaugure ese período. Tras de este «romance» de las sequías, que ya es un poco el «romance» del azúcar, vendría el ciclo famoso escrito por José Lins do Rego (1901); junto a ese proletariado rural del azúcar, vendría el proletariado urbano de Amando Fontes (1899); después de ese proletariado de la caña y del algodón, aparece el proletariado del cacao, en la obra de Jorge Amado (1912), que tan justamente podría representar todo el movimiento, pues en éste el «romance social» no es apenas la manifestación artística del escritor, sino la forma de expresión ideológica del político. El novelista de *Cacau* podría tanto mejor ser tenido como arquetipo de ese movimiento por cuanto se sabe que a su propia decadencia como escritor acompaña la desaparición gradual de la escuela literaria en que se inscribe: tornándose cada vez menos novelista y cada vez más apóstol, como si en esos años curiosos de la vida brasileña le acompañara la trayectoria de su género. También el «romance» nordestino, explorados sus grandes temas de miseria y de sacrificio, que felizmente no son muchos, encontróse de repente ante el vacío: si añadimos a los nombres arriba mencionados el de Graciliano Ramos (1892-1953), quien, en ciertos aspectos, fue el más importante «romancista» de ese grupo, habremos prácticamente citado a todos los narradores de importancia producidos en dicho período.

Es curioso señalar —a guisa de contraprueba de tan rápido agotamiento de un tipo de literatura— que todos estos novelistas no aportan una obra cualitativamente numerosa: los más fecundos de todos, José Lins do Rego y Jorge Amado, escribieron, en realidad, cada uno, dos o tres «romances» verdaderamente significativos; pero la mayor parte la constituyen autores de un solo libro: Amando Fontes, con *Os Corumbas;* Gracialiano Ramos, con *São Bernardo;* José Américo de Almeida (1887) con *A Bagaceira.* En la obra de todos ellos es posible hacer de inmediato una selección que el tiempo seguramente hará, eliminando los libros que apenas respeten los temas y el tratamiento, que apenas se respeten a sí mismos.

La tercera década del Modernismo corresponde a la crítica. Si en el primer período apenas se señaló un gran crítico, Tristão de Athayde (Alceu Amoroso, Lima, 1893), quien conquistó al mismo tiempo el título de «crítico del Modernismo» (aun cuando no hubiese «hecho» el Movimiento ni participase, en el fondo, de sus ideas) y por el prolongado aislamiento en que practicó la crítica, el título, tal vez discutible, de «mayor crítico brasileño de todos los tiempos»; si, en el segundo período, algunos modernistas, novelistas y poetas, como Mario de Andrade, por ejemplo, realizaron una obra crítica ponderable, pero, por así decir, subsidiaria en el conjunto de sus actividades, es en el tercer período en el que aparecen algunos críticos que constituyen una «generación», como los poetas constituyeron una en el primero y otra los novelistas en el segundo. Son los años los que marcan la aparición de Álvaro Lins (1912) y de Ántonio Cándido (1919), para sólo citar los que alcanzaron inmediatamente una gran notoriedad.

Es evidente que hay interpenetración en todos esos períodos, observándose una anacrónica poesía «modernista» que se prolonga por los años 30, como una novela nordestina, no más actual, que se prolonga por los años 40 y hasta por los años 50. Pero es fácil percibir que tales persistencias no siguen la rosa de los vientos y que éstos soplan cada vez en nuevas direcciones. Tanto la poesía, en el segundo período, como la novela, en el tercero, se orientan hacia otros caminos. La poesía modernista, por una extraordinaria coincidencia, viose muy próxima, en su espíritu, de la poesía inglesa, tan alejada ésta de lo que pudiera llamarse las «tradiciones poéticas» de la literatura brasileña, y, de este modo, la poesía postmodernista abandonó la «reforma» lingüística por la «pesquisa» lingüística y el espíritu más o menos deportivo o juguetón de los primeros poetas del 22 por el espíritu solemne e inspirado de los poetas del 45.

De igual manera, el «romance social» y el «romance del Nordeste», que por tantos años fueron una sola y la misma cosa, quedaron abandonados en beneficio del, digamos, «romance psicológico», del «romance» que, tratando muchas veces del Nordeste, era de considerársele más que como tipo propio de una región, como tipo humano. Tal transformación se vislumbra ya, por ejemplo, en las *Confissões de Meu Tio Gonzaga* de Luis Jardim y se confirma en la reciente *Assunção de Salviano* de Antonio Callado. Asimismo, *Os Escorpioes,* de Gastón de Holanda, premiado en el concurso del IV Centenario de São Paulo, «romance» de nordestinos pasado en el Nordeste, es un «romance» urbano y extemporáneo, que nada más se debe a las tipicidades regionales del lugar en que viven su autor y sus personajes.

Por consiguiente, es posible afirmar, sin incurrir en error, que la «literatura del Nordeste», el romance típico de esa región, están completamente agotados y que ya exploraron hasta la médula los pocos temas que ese mundo ofrecía. Y, así, el libro de José Américo de Almeida, cuya primera edición iniciaba la serie de los «romances» nordestinos, en 1928, consagra con su octava edición, en 1954, el cierre de la misma. De manera puramente simbólica y apenas debido a la necesidad en que se hallan la crítica y la historia de señalar con «fechas» sus cambios de rumbo: en realidad, sólo hará unos diez años que toda esa literatura ha producido algo verdaderamente nuevo. De modo que, con objetivos puramente didácticos y a fin de comprenderla mejor en sus caracteres esenciales y definidores, pueden distinguirse en la evolución del Modernismo brasileño tres fases sucesivas y típicas: la «fase caótica», como la llamó Antonio Soares Amora, caracterizada por una actitud desordenada e inquieta de combate, centrada casi exclusivamente en la poesía (1922-1928); la «fase novelesca» (1930-1940), en la que sus conquistas se traducen en un gran esfuerzo creador, sobre todo en el «romance», aunque también en la poesía, continuando esta última las pesquisas formales y temáticas implantadas con la Semana de Arte Moderno; la «fase de la crítica» (1940-1950), en la que surgen los críticos realmente formados en la atmósfera modernista. Es obvio que los resultados genuinamente creadores de cada uno de esos períodos no se pierden en el paso para el siguiente, sino que, por el contrario, se conservan y le imprimen dinamismo a toda la evolución posterior; y, de este modo, esas tres líneas aparentemente paralelas vienen a juntarse en la década del 50 para constituir, en sus caracteres propios, la actual literatura brasileña, de la cual todavía es prematuro tratar de establecer la fisonomía, pero de la que, por lo menos, puede decirse una cosa: si ella no es más *modernista*, tampoco es *antimodernista*. Realmente, los grandes escritores brasileños contemporáneos reconocen de buen grado su deuda para con las generaciones anteriores y procuran no negarla, pura y simplemente, como es de moda entre generaciones que se suceden, sino continuarla, superándola, esto es, en un sentido constructivo y nuevo. En una palabra, la literatura brasileña de nuestros días, cuya tónica descansa no sobre la «revolución», sino sobre la «evolución» (sin ignorar lo que la evolución pueda tener de revolucionaria a la larga), quiere ser conscientemente *moderna*, no «tradicionalista», ni «modernista» y menos aún «futurista». La supresión de los sufijos es señal harto significativa de un estado de espíritu: existe una especie de acuerdo tácito en vivir el momento presente, en dejarse guiar por un «realismo» que aparece en todos los campos de la creación literaria (en el amplio sentido de la palabra) bajo la forma de las más variadas manifestaciones, como todavía veremos.

Mas, ¿qué fue, al final, el Modernismo brasileño? Movimiento eminentemente crítico, diversos autores se han demorado, en la estela de Mario de Andrade, en acentuarle la índole destructora; otros, en señalarle los orígenes extranjeros. Ambos aspectos son reales y no deben ser minimizados; pero tampoco se debe olvidar lo que tuvo de creador ni lo que tuvo de original. En una literatura que siempre se caracterizó por su permeabilidad a las influencias europeas, el Modernismo llega a destacarse por una búsqueda consciente y sistemática de la «brasilidad». Sería un error asimilarlo al futurismo, al surrealismo, al dadaísmo o a cualquier otro «ismo» europeo, o tratar de identificarlo con ellos, porque el Modernismo brasileño difiere de ellos en un punto esencial: no es una «escuela» exclusivamente estética, no desea restringirse a los límites de la pura literatura. Desde el primer instante, el Modernismo brasileño quiere ser «sociológico», aspira a una auténtica y, por eso mismo, nueva interpretación de la tierra, ambiciona transformarse en una verdadera filosofía de la vida. En cuanto al nacionalismo, él es, al mismo tiempo, la fuente y la consecuencia de un cambio total de los espíritus: los veinte años de vida brasileña que se extienden entre 1920 y 1940 son los años del nacionalismo político, de las revoluciones inspiradas en la idea de la reforma social y de una pesquisa febril acerca de la realidad brasileña. El Modernismo responde, en gran parte, a esas ansias, al mismo tiempo que las incita; la literatura adopta, por lo demás, en cada uno de los períodos mencionados, la colaboración particular del respectivo momento de la vida nacional.

Con todo, es innegable que la prehistoria del Modernismo se traduce en manifestaciones directamente influenciadas por movimientos contemporáneos europeos. Aquí, algunas informaciones de orden histórico nos ayudarán a comprender mejor la naturaleza del movimiento. En síntesis muy feliz, Antonio Soares Amora esquematizó de este modo la evolución del Modernismo:

«De 1912 a 1915, Oswald de Andrade, en São Paulo, procura crear, a través de la imprenta y con su acción personal, la conciencia de la renovación modernista europea; en 1913, Lasar Segall realiza en São Paulo su primera exposición de pintura expresionista, sin lograr aún influir en la opinión pública; igual sucede, en 1914, con la primera exposición, también en São Paulo, de Anita Malfatti, influenciada por el impresionismo alemán: en 1914, *O Estado de São Paulo* publica en el Brasil el primer artículo sobre el Futurismo, del profesor Ernesto Bertarelli, "As liçoes do Futurismo" ("Lecciones del Futurismo"); en 1915, en Río, Luis de Montalvor, portugués y Ronald de Carvalho crean la revista *Orfeu* (Orfeo), revista luso-brasileña, de espíritu nítidamente modernista; en 1916, Alberto de Oliveira, en la Academia Brasileña de Letras, afirma la conciencia de las nuevas tendencias del espíritu y del arte, inclusive del Futurismo; en diciembre de 1917, Anita Malfatti, recién llegada de Estados Unidos, realiza su segunda exposición, en São Paulo; ya francamente modernista esta vez, Anita es injusta y severamente criticada por Monteiro Lobato *(¿Paranoia o mixtificación?)*, quien representa el conservadurismo; a tal altura, solamente Oswald de Andrade y Mario de Andrade defienden y apoyan el espíritu renovador de la joven pintora; aun en 1917, varios poetas nuevos comienzan a imponerse: Mario de Andrade, *Há uma gota de sangue em cada poema (Hay una gota de sangre en cada poema);* Manuel Bandeira, *A cinza das horas (La ceniza de las horas);* Menotti del Picchia, *Moisés* y *Juca Mulato;* Guilherme de Almeida, *Nós (Nosotros);* Murilo Araújo, *Carrilhoes (Rieles);* aun en 1917, las primeras manifestaciones de las influencias de la Revolución rusa: huelga obrera en São Paulo; pronunciamientos de simpatía en pro de la nueva ideología e inicio de su propaganda; en 1918, en Río, Andrade Muricy, en el ensayo crítico "Alguns poetas novos" ("Algunos poetas nuevos"), llama la atención del público hacia la renovación que venía operándose en la poesía brasileña; en 1920, en São Paulo, se descubre el sentido renovador de la obra iniciada por Brecheret; a fines de 1921 tiene lugar en la Librería de Jacinto Silva, donde habitualmente acudía un grupo de jóvenes escritores y artistas (Guilherme de Almeida, Oswald de Andrade, Di Cavalcanti) una reunión literaria al objeto de oír la lectura de *Era uma vez... (Era una vez...)*, de Guilherme de Almeida. En esa reunión tomó cuerpo la idea de la Semana de Arte Moderno.»

Es evidente, pues, que si la Semana de Arte Moderno se encuentra *históricamente* en las fuentes del Modernismo como movimiento, ella misma resulta de una nítida modificación de nuestros espíritus, de los cuales coronó oficialmente, por así decirlo, la inquietud. Aun cuando en forma confusa el Modernismo existía ya, *ideológicamente*, antes de la Semana de su inauguración, el 13 de febrero de 1922, apenas sí sirvió para *constituir* en grupo a escritores y artistas de tendencias semejantes. Además de eso, si no es posible decir que fueron los pintores los que suministraron a los escritores el modelo del Modernismo (a ejemplo de lo que Lanson observaba con relación al Romanticismo francés), es indudable que pertenecen a los artistas plásticos los primeros gestos decisivos.

A ese respecto, la segunda exposición de Anita Malfatti, en 1917, tuvo el mérito de provocar las primeras reacciones violentas, es decir, de *conciencializar* el inicio de un nuevo período.

A partir de entonces, el Modernismo *ya existe*, y la propia Semana de Arte Moderno es una manifestación modernista, es un resultado y no una causa. Al contrario del Surrealismo, que fue, mayormente, un movimiento destructor, el Modernismo brasileño sólo destruyó para construir, procuró limpiar el terreno pero al objeto de erigir algo nuevo en lugar de lo que existía. Es claro que hay cierta distancia entre lo que se pretendió hacer y lo que efectivamente se hizo: es por eso que suele definirse el Modernismo, sobre todo por sus aspectos *críticos*. Pero es que los historiadores y críticos en general tienden a considerar «modernismo» apenas lo realizado entre 1922 y 1928; ahora bien, como ya queda dicho, el Movimiento se extiende mucho más allá y de la suma de sus creaciones no es posible, sin caer en la injusticia, abolir las partes representadas por el «romance» de la década del 30 y por los ensayos de la del 40 y aun del 50. Lo que se extingue, en los primeros diez años, puede que sea, si se quiere, el período «anárquico», el ímpetu de revuelta y destrucción, el espíritu dionisíaco, si no báquico, que animaba a los primeros modernistas; mas toda la literatura «nacionalista» y «regionalista» que imperó en las dos décadas siguientes, no es otra cosa que la implantación, en la literatura brasileña, del *espíritu modernista*, que era también, un espíritu *moderno*.

El año 1928 retiene, entretanto, el valor de un instante crucial en la historia del Modernismo: representa un «viraje» decisivo. Por un lado, el *Retrato do Brasil (Retrato del Brasil)* de Paulo Prado (1869-1943), condensa sus ideas de conocimiento de la tierra, de interpretación de lo que se llamó «la realidad nacional» [la que, a causa de la seductora atracción que en el transcurso de esos años ejercieron las ideas políticas, de las cuales el propio Modernismo estaba impregnado sin saberlo, comenzó a ser entendida como «el problema nacional brasileño», para recordar el libro de Alberto Torres (1865-1917), publicado en 1914, pero solamente «valorizado» después de 1922]; por otro lado, *Macunaíma* y *A Bagaceira* (nombre indígena y lugar donde se arroja el bagazo, respectivamente) iniciaron la «década del romance», esto es, en los dominios del pensamiento abstracto. La importancia histórica de *Macunaíma* no pasó inadvertida para los contemporáneos. Así, en un artículo publicado en el Núm. 5 de la *Revista de Antropofagia* (septiembre de 1928), afirmaba Oswald de Andrade (1890-1954):

«Serán dos libros puramente antropofágicos. Mario escribió nuestra *Odisseia (Odisea)* creando de una plumada el héroe cíclico y por cincuenta años el idioma poético nacional. En cuanto a José Américo de Almeida, su novela, de estilo y carácter totalmente diferentes al de Mario de Andrade, fue recibido, igualmente, como la realización de la promesa implícitamente contenida en la revolución modernista.»

Pero, no es ni con mucho a favor de la sucesión de los géneros que el Modernismo se desdobla y se amplía en el tiempo. Las «ideas» de cada década son, también, variables conforme al momento histórico por que atravesaba el país. Así pues, la primera generación modernista hace el *nacionalismo*, en sus variadas manifestaciones, la piedra de toque de la cualidad literaria. Tratábase, entonces, de crear no solamente una literatura *brasileña* (que contrarrestara las influencias estéticas de origen foráneo que hasta entonces habían predominado) sino también una *lengua brasileña*, diferente del portugués. Conscientes de las modificaciones, por demás naturales, experimentadas por el portugués del Brasil desde la fecha del descubrimiento, los primeros modernistas trataron de «sistematizarlas», apresar la evolución y asimismo provocar diferencias donde éstas todavía no existían. *Macunaíma* es, ante todo, un esfuerzo en ese sentido. No cabe aquí, ni interesa de cerca a nuestro tema, averiguar hasta qué punto esas tentativas se vieron coronadas por el éxito. En términos generales, el portugués del Brasil, al igual que todas las lenguas en situaciones semejantes, ignoró los empellones que quisieron darle y continuó tranquilamente su evolución natural y aun hoy es posible afirmar que las discordancias con el portugués de Portugal se manifiestan más en la fonética, en la pronunciación que, propiamente, en el vocabulario y en la sintaxis.

Ese nacionalismo, en general, pero el nacionalismo lingüístico en particular, siempre se le enfocó en sí mismo y, por lo tanto, fue loado o condenado conforme a las preferencias individuales de cada cual. Lo que se observó menos es que él no pasaba de ser *consecuencia*, que era el efecto de causas más profundas. Porque en su fuente radicaba un ansia incontenida y sincera de *conocimiento de la tierra*. Los modernistas brasileños descubrieron de repente el Brasil. La literatura pasó a ser hecha bajo el signo de la autenticidad regional. El indio, el negro y el portugués, los tres factores clásicos de la formación de la nacionalidad, pasaron a ser temas supremos de todas las artes. Se ridiculizó a «la Grecia» de los parnasianos, a «la Francia» y «la Inglaterra» de los liberales ochocentistas, al «purismo» de los gramáticos adheridos a la cartilla lusitana. Hubo, en el campo intelectual, una especie de contracanto de las «Bandeiras» paulistas que, en el siglo XVIII, habían alargado el territorio nacional, habían revelado el *verdadero* Brasil. El Modernismo fue, también, un «banderismo». Durante cierto tiempo se asimiló lo «universal» con lo «extranjero», la estética fue sustituida por la sociología. De ahí, la inmensa preferencia por la literatura regionalista que caracteriza, esencialmente, al Modernismo en sus aspectos más puros. De ahí, el prometedor desenvolvimiento de los llamados «estudios brasileños», del ensayo inspirado por temas nacionales. Colecciones editoriales como la «Brasiliana» y la de «Documentos Brasileños», consolidan de manera concreta, por así decirlo, esas tendencias y señalan, comenzando por sus nombres, el espíritu de una época. Una novela «clásica» del Modernismo (por su ambición, no por su realización), es el *Marco Zero*, de Oswald de Andrade: toda la literatura se situó, voluntaria y expresamente, dentro del «marco cero». *A Bagaceira*, de José Américo de Almeida, el *Ciclo de Cana de Açucar (Ciclo de la Caña de Azúcar)*, de José Lins do Rego, el *Ciclo de cacau (Ciclo del cacao)*, de Jorge Amado, *Os Corumbas (Los Corumbas)*, de Armando Fontes, la poesía de Jorge de Lima (1895-1953) y de Mario de Andrade, en gran parte la de Carlos Drummond de Andrade y la de Manuel Bandeira (1886), son «documentos humanos», mas son también el retrato de una región, quieren ser «documentos sociales». Aquí se sitúa la indecisa frontera que señala un pasaje: la ambigüedad semántica hará de lo «social sociológico» un «social político». Lo *social* no sólo será lo descriptivo y lo interpretativo, sino también lo reivindicativo. De la idea de lo *social*, muchos escritores pasan a la idea de la *revolución social*.

Es que una insidiosa contradicción corroía la propia substancia del Modernismo: si, por una parte, quería, como más tarde diría Manoelito de Ornelas en afortunada síntesis, «regresar al Brasil», «reaprender a leer lo que es nuestro», «aprender a pensar brasileñamente», por otra parte, era un movimiento ecuménico y socialista, situado bajo el signo de la «cultura moderna», de la máquina, del hierro, del petróleo y del ejemplo tentador representado por las grandes civilizaciones industriales del momento. El Modernismo también fue, en gran parte, un «futurismo». Los intelectuales y artistas del Modernismo, según podía leerse en un capítulo de *A literatura no Brasil (La literatura en el Brasil)*,

«vivían dilacerados entre esas dos disyuntivas que los solicitaban, percibiendo con extraordinaria agudeza que el País se encaminaba hacia un destino industrial, esto es, standard en el fondo y no brasileño —queriendo encontrar en ese desenvolvimiento, que se les antojaba estar en contradicción con el pasado libresco, afrancesado y agrícola, la fisonomía genuina de la nacionalidad».

Además, grandes contingentes inmigratorios contribuían a añadirle una dimensión nueva a la composición étnica, a la manera de ser del Brasil. Escribiendo, en 1925, un nuevo capítulo final para la tercera edición de su *Historia de la Literatura Brasileña*, observaba Ronald de Carvalho:

«Y el brasileño, en síntesis, también ha dejado de ser el producto exclusivo de fusiones limitadas a tres grupos étnicos: el indio, el africano y el lusitano. El italiano, el alemán, el eslavo y el sajón aportaron la máquina para nuestra economía. El Brasil se industrializó, principalmente al sur, en Río, en São Paulo, en Minas, en Paraná y en Río Grande, nuestro foco más importante de inmigración europea. La vida se tornó, por lo tanto, más activa, más vertiginosa, más cosmopolita, menos conservadora, en fin...»

La más bella tarea a que subconscientemente se entregaron las generaciones modernistas fue aquella de la construcción de una civilización propia, mediante el fusionamiento de los factores nativos con los extraños, fue la *asimilación* de todas las contribuciones para transformarlas en algo que fuese brasileño, en lugar de adaptarlas tales cuales, de contraponerlas sobre una realidad que les era extraña. En el antes mencionado capítulo final de Ronald de Carvalho (1893-1935), todo él saturado del escalofrío característico de los manifiestos, concluía con las siguientes palabras:

«El hombre moderno del Brasil, para crear una literatura propia, debe evitar toda especie de prejuicios. Él tiene ante los ojos un gran mundo virgen, lleno de promesas excitantes. Organizar ese material, darle estabilidad, reducirlo a su verdadera expresión humana, debe ser su preocupación fundamental. Un arte directo, puro, enraizado profundamente en la estructura nacional, un arte que fije todo nuestro tumulto de pueblo en gestación, eso es lo que debe procurar el hombre moderno del Brasil. Para eso es menester que estudie no solamente los problemas brasileños, mas también el gran problema americano. Llegamos, finalmente, a nuestro momento.»

Así pues, el Modernismo quiere ser la expresión de una tierra, pero también la expresión de un tiempo, de un momento histórico. No es indiferente saber, para la comprensión de esa ansia de *sincronía* y del carácter particular que ella tomó, que el Modernismo surgió en São Paulo, esto es, ya en aquel momento, la ciudad más industrializada del Brasil, aquella en que la vida urbana había alcanzado sus caracteres más típicos. São Pulo era, ya, «la ciudad» y ello explica muchas de las facetas inconfundibles del Modernismo. Abordando ese aspecto de la cuestión, decía Mario de Andrade en una célebre conferencia:

«Pero el espíritu modernista y sus modas fueron directamente importados de Europa. Ahora São Paulo se hallaba mucho más a la par que Río de Janeiro. Y, socialmente hablando, el modernismo sólo podía ser importado por el propio São Paulo y estallar en la provincia. Existía una diferencia grande, ahora ya menos sensible, entre Río y São Paulo. Río era mucho más internacional, como norma de vida exterior. Es natural: puerto de mar y capital del país, Río poseía un internacionalismo ingénito.

»No obstante, São Paulo era espiritualmente mucho más moderna, producto necesario de la economía del café y de la consiguiente industrialización.

Población de sierra-arriba, conservando hasta ahora un espíritu provinciano servil, bien evidenciado por su política, São Paulo se hallaba al mismo tiempo, debido a su actualidad comercial y a su industrialización, en contacto más espiritual y más técnico con la actualidad del mundo. Y asimismo asombra cómo Río mantiene, dentro de su sutileza vibrátil de ciudad internacional, una especie de ruralismo y un carácter estático tradicional mucho más pronunciados que São Paulo. Río es una de esas ciudades en que no sólo permanece indisoluble el "exotismo" nacional (lo que por el contrario es prueba de vitalidad de su carácter), sino también la interpenetración de lo rural con lo urbano. Cosa ya imposible de percibirse en São Paulo.»

De modo que el Modernismo habría de ser, esencialmente, un movimiento urbano, realizado por gente de ciudad. Aun cuando muchos de ellos estuviesen ligados por lazos de familia o de amistad a grandes hacendados del café, los escritores paulistas que «hicieron» el Modernismo eran tipos congénitamente urbanos. Ello se explica así como la aparente contradicción de ese carácter urbano de São Paulo, fundado substancialmente en la economía cafetalera y lo paradójico, también apenas aparente, de haber dado nacimiento esa economía rural a una intensa industrialización —por el hecho de ser *urbanos*, en el fondo, como ya lo señaló Sergio Buarque de Holanda, los hacendados del café. Son hombres que practican la agricultura como si se tratase de una industria; allá decían, los destinos del café se deciden en las grandes ciudades del mundo y no en el lugar de su producción. Y precisamente por vivir en la ciudad y por ser ciudadanos es que los escritores modernistas serían regionalizantes y exaltarían los valores más directamente ligados a la vida rural: el negro esclavo, el indio, las plantaciones, el «genuino Brasil», que sólo podía ser el Brasil del pasado, esto es, como alguien dijo, un Brasil «esencialmente agrícola».

Y es que, ajenos al medio rural, esos escritores podían ver o imaginar la belleza, la poesía, el *exotis-*

mo que el campo encierra y que los que realmente viven en él no perciben.

Al mismo tiempo y por primera vez, los modernistas brasileños adquieren conciencia de la ciudad como tema literario. «Canta regionalmente a la ciudad materna el primero de los libros del movimiento», hace observar Mario de Andrade refiriéndose a su *Paulicéia Desvariada* (título éste que, traducido libremente, pudiera querer decir: *Relato Delirante sobre São Paulo. — N. del T.*). Pero, a más de ésa, muchas son las creaciones que, en prosa y en verso, exaltan la máquina, el asfalto, el rascacielo. Para los escritores menos genuinos, la elección de tales temas constituía, igualmente, una garantía de autenticidad modernista —aun cuando solía faltarles una modernidad profunda, un «espíritu moderno» o innovador. Previendo esa especie de simulación modernista, Mario de Andrade escribió en el «Prefacio Interesantísimo» de *Paulicéia Desvariada:*

«Escribir arte moderno jamás significa para mí representar la vida actual en lo que tiene de exterior: automóviles, cine, asfalto. Si tales palabras aparecen con frecuencia en mi libro no es porque con ellas piense escribir moderno, sino porque siendo mi libro una obra moderna, ellas tienen en él su razón de ser.»

Sin saberlo, el Modernismo vivirá inquieto entre esas dos solicitudes igualmente tentadoras: de un lado, el regionalismo, el nacionalismo, el ruralismo; del otro, el cosmopolitismo, el internacionalismo, la industrialización. Por eso es que algunos escritores modernistas combaten inexplicablemente ciertas entidades que, a primera vista, deberían adorar por representar la primera tendencia: el Jeca Tatu, creado años antes por Monteiro Lobato (1882-1948); el Peri, de José de Alencar (1829-1877), y, hasta el pau-brasil... En 1928, Oswald de Andrade, con la creación de la «Doctrina Antropofágica» intentaría, en cierta forma, conciliar los polos opuestos, en una especie de síntesis hegeliana, ya que se colocaba, al mismo tiempo, «contra todas las catequesis y contra la madre de los Gracos»... «contra todos los importadores de conciencia enlatada», pero también «contra las élites vegetativas. En comunicación con el suelo», «contra el indio hijo de María, ahijado de Catalina de Médicis y yerno de don Antonio de Maris» y «contra Anchieta, cantando las once mil vírgenes del cielo en la tierra de Iracema». Y si Cassiano Ricardo, desde 1924, en el manifiesto del grupo «Verdamarelo» («Verdeamarillo»), situaba en la fuente del Modernismo la «reacción nativista frente a las corrientes inmigratorias», Ronald de Calvalho, en 1931, alababa a Graça Aranha (1868-1931) por haber propuesto, en *Chanaan*, «una solución lúcida para el problema brasileño: vencer el mestizaje por medio de la fusión de las corrientes migratorias latinas y germánicas, y el empirismo improvisador por medio de la cultura científica y la educación de la voluntad».

Esas fechas y esos puntos de vista muestran perfectamente la síntesis que finalmente se operó entre los contrarios. Y aunque esa síntesis no haya sido definitiva ni absoluta, porque los escritores del Norte del Brasil continuaron más regionalistas y más nacionalistas que los del Sur, inclinados, por las contingencias de una «civilización» diferente, más hacia el universalismo y al cosmopolitismo —puede decirse que, a la larga, ella vendría a señalar, justamente, la superación del Modernismo por lo moderno, característica de los años 50. Con todo, como queda dicho, la corriente regionalista, «sociológica», predominó en el primer período y, con ella, el nacionalismo literario. Por eso es que los diversos «grupos» que se formaron entre 1922 y 1928 no dieron sentido estético alguno a las denominaciones que los distinguían: «Pau-Brasil», «Verdamarelo», «Antropofagia», «Verde», son expresiones que revelan la «comunicación con el suelo», con lo que cada uno de ellos entendía por las verdaderas «tradiciones nacionales», manifestando el deseo de crear una literatura brasileña y rechazando tácitamente lo que las ideas estéticas tenían de extemporáneo y de universal, y de carencia de característica nacional.

De este modo —escribía en el panorama que sobre la crítica brasileña del modernismo en nuestros días exponía en *La Literatura en el Brasil*— «una literatura nacional» que, tal vez, no era «literatura», fenómeno que no escapa a la argucia de Mario de Andrade:

«La prueba más intrínseca de que tal vez formemos hoy una literatura nacional realmente expresiva de nuestra entidad (en la que ella pueda ser considerada como entidad...), no está en parlotear Brasil y más Brasil, en hacer regionalismo, en exaltar al amerindio; no está en hacer escribir a la gente el habla brasileña; no está en que la gente haga folklore y sea dogmáticamente brasileña; está más en el instintivismo que la fase actual de la literatura indígena manifiesta, y es ruin síntoma.»

Pero esa constatación sólo pudo realizarse en 1931, o sea, en el año mismo en que Ronald de Carvalho publicaba sobre Graça Aranha las palabras arriba transcritas. Hay, pues, en ese instante, una nítida mudanza en el estado de los espíritus, y el Modernismo, de sociológico, se vuelve social. Había vivido hasta entonces, bajo el signo de la Tierra; de ahora en adelante y por más de una década, vivirá bajo el signo de Sociedad. De Sociedad, esto es, de Política.

La Revolución de 1930, que instauró la «segunda República», era el coronamiento de una serie de movimientos anteriores que, desde 1922, habría de instituir en el país, igualmente, el proceso de reforma institucional. Los escritores brasileños considéranse en el deber de actuar políticamente y, mucho antes de Sartre, predican el «engagement».

Es la época de la agitación comunista, por una parte, y fascista, por otra, traducidas, una y otra, en tentativas malogradas de tomar violentamente el poder, en 1935 y 1937. En lo que se refiere a los intelectuales, el Modernismo los conducía hacia una u otra de esas tendencias más que hacia el liberalismo que, entretanto, se hallaba implícito en su naturaleza. Y es que la palabra *liberalismo* padece, desde hace algunos años, de un severo desprestigio.

La literatura, que había sido un medio de conocimiento, de interpretación o de expresión de la tierra, conviértese en instrumento de convicciones políticas. Se enjuicia la novela, la poesía según su contenido «revolucionario» —ahora ya políticamente revolucionario y no literariamente revolucionario. La obra de arte pasa a ser clasificada, sumariamente, bajo dos epígrafes apenas: reaccionaria o «progresista». El literato ha de servir a los deseos del momento. Con el golpe de estado blanco, en noviembre de 1937, que implantó en el Brasil un gobierno fascista, silenciáronse las voces políticas. Las reivindicaciones, por lo demás, también perdieron intensidad, ya que la guerra que inmediatamente sobrevino, pasó a monopolizar todas las atenciones. Así se llega al final de la primera mitad de los 40 y al período de la postguerra, señalado por modificaciones políticas y literarias. Se restablece el régimen democrático: la vida brasileña reencuentra la libertad, no, si acaso, ni principalmente, la libertad civil, mas, aun y sobre todo, la libertad como estado de espíritu, como conciencia individual. El Modernismo olvidará, entonces, su virulencia; sus grandes temas habían sido tratados. La enseñanza universitaria de las letras, que comienza a intensificarse, concurre para suministrar a un número cada vez mayor de brasileños, la idea de su naturaleza esencialmente *estética*. Es el tercer período que se inaugura y que se prolonga hasta nuestros días. Adquiérese conciencia del carácter autónomo de la obra de arte...

ROBERTO FERNÁNDEZ RETAMAR
La poesía vanguardista en Cuba

Hace dieciséis años, para terminar mis estudios universitarios (y también, de paso, para ponerme en claro algunas cosas), escribí una tesis de grado que aparecería publicada a principios del otro año (1954) con el título *La poesía contemporánea en Cuba* (1927-1953). Las páginas que siguen, minuciosas y clasificadoras (como de tesis de grado al fin), son dos capítulos de aquella obra. En el libro, están precedidos por un «Breve esquema inicial» y seguidos por implacables capítulos sobre las poesías «pura», «negra» y «social», antes de precipitarse en la que llamé (sin excesivo regocijo por parte de los afectados) «poesía trascendentalista», ya en la generación siguiente, la de la revista *Orígenes*. Por supuesto que a estas alturas me parece demasiado mecánica la aplicación del criterio generacional, demasiado serio-te el tono, demasiado generosas las citas (y qué decir, hoy, de algunos nombres!). Sin embargo, el lector que sobreviva a esas y a otras molestias, podrá seguir encontrando aquí datos para saber lo que fue (o no fue) la poesía vanguardista cubana.

Septiembre de 1969.

R.F.R.

Segunda generación republicana

Factores generacionales: Intentaremos aplicar a ésta los que Petersen considera factores de una generación; prescindimos del factor inicial, la «herencia», que el propio Petersen rechaza a la postre.

En lo tocante a las «fechas de nacimiento», puede decirse que los integrantes de esta generación nacen entre 1895 y 1910, sin que falten poetas nacidos antes de la primera de estas fechas (como Tallet, nacido en 1893), o después de la segunda, aunque no de la relevancia de aquél. Las fechas señaladas establecen un marco de quince años, dentro del cual, aproximadamente, debe surgir una nueva generación, según la tesis de Ortega desarrollada por Julián Marías.[1] En esta generación puede señalarse al menos la existencia de dos promociones: una, nacida en los últimos años del siglo pasado y los dos primeros de éste; otra, nacida entre 1902 y 1910 —tomando siempre las fechas con sentido no restringido—: la primera promoción se reúne en torno al Grupo Minorista y la *Revista de Avance*; la segunda, iniciada en su mayoría en esta publicación, llevará a vías de hecho muchas aspiraciones literarias de la primera.

Los «elementos educativos» ofrecen una heterogeneidad considerable. Baste recordar la formación universitaria y rigurosa de Jorge Mañach y el combativo autodidactismo de Regino Pedroso. De cualquier forma, nos parece que las características más generales de los elementos educativos de la generación son similares a las del último: formado al margen de centros de estudios; que se incorpora con rapidez las teorías sociales y políticas esparcidas a raíz de la revolución mexicana de 1910 y la rusa de 1917, y las teorías estéticas de la «vanguardia». Siendo ésta una generación eminentemente dada a lo político y a la renovación tanto social como artística, la distingue el conceder un sentido polémico, militante, a la cultura. Esto, que es perfectamente aplicable a los poetas sociales o negristas, no lo es, en cambio, a los poetas puros. Pero ha de observarse que el más definido representante de éstos, Mariano Brull, procede de la anterior generación, y de una zona integrada por estudiosos con rigor académico —Francisco José Castellanos, José María Chacón y Calvo—. Además, en última instancia, su necesidad de serenidad, de perfección, sólo se explica como sustracción a una circunstancia encendidamente combativa, interesada en arrastrar la poesía a sus diversas urgencias extraliterarias.

1. Julián MARÍAS, *El método histórico de las generaciones*, Madrid, 1949, especialmente pp. 151 y ss.

«La «comunidad personal» es no sólo factor de evidente existencia, sino del cual tuvieron clara conciencia sus integrantes. En 1927 escribía Francisco Ichaso: «Protesta de los trece, Grupo Minorista, Antología de Lizaso y Fernández de Castro, suplemento novimorfo del *Diario de la Marina*, enrolamiento y leva de esta nave que dice en su proa "1927", son manifestaciones, diversas en apariencia, idénticas en el fondo, de un mismo estado de espíritu.» [2] Otros ejemplos de estos contactos mutuamente fertilizantes nos ha narrado Raúl Roa en su prólogo a *La pupila insomne*, de Rubén Martínez Villena.[3] Con referencia a las publicaciones (según Petersen, y a nuestro parecer de modo exagerado, «las revistas editadas por una comunidad juvenil son formadoras de generaciones»), estos escritores utilizan en sus inicios órganos no enteramente literarios, como *Social* (1916-1933 en su primera época), que representa para esta generación lo que *Grafos* (especialmente entre 1932 y 1938) para la siguiente. Su revista más importante, desde luego, es la *Revista de Avance* (1927-1930), fundada por Alejo Carpentier, Martí Casanovas, Francisco Ichaso, Jorge Mañach y Juan Marinello; también deben mencionarse el suplemento literario del *Diario de la Marina*, dedicado por esos años a empresas similares a las de la revista, bajo la vigilancia de José A. Fernández de Castro; y otras publicaciones contemporáneas, como *Atuei* (1928) y *Revista de La Habana* (1930) en La Habana, *Antenas* (1928) en Camagüey, y *Revista de Oriente* (1928) en Oriente; ya con mayor participación de la segunda promoción, destácanse *Gaceta del Caribe* (1944), y publicaciones con marcado sesgo político, como *Mediodía* (1934). (De estas revistas, a veces de publicación irregular, sólo ofrecemos la fecha de aparición.)

Como «experiencias generacionales» sufre esta generación las provocadas por una intensa crisis eco-

2. Francisco Ichaso, nota crítica al libro *La poesía moderna en Cuba (1882-1925)*, antología crítica de Félix Lizaso y José A. Fernández de Castro (Madrid, 1926), en *Revista de Avance*, 1927, a. 1, núm. 5, p. 113.
3. Raúl Roa, «Una semilla en un surco de fuego», prólogo a *La pupila insomne*, de Rubén Martínez Villena, La Habana, 1936, especialmente pp. 22-26.

nómica (1920-1921) que le obliga a vislumbrar el
desajuste de la República: su limitación política,
la dependencia económica a otro país, el retraso en
lo cultural. La primera generación republicana había
surgido deslumbrada por el pasado heroico, por las
guerras independentistas. Esta generación, por el
contrario, contempla los fallos del régimen repu-
blicano, que había nacido ya coartado. Sus defectos
se le presentan, como dijimos, a través de la crisis
económica que siguió a la «Danza de los Millones»,
al iniciarse los años veinte. Esta crisis fue tan intensa que afectó incluso la obra de poetas separados
del jadeo con lo inmediato, como Agustín Acosta y
Felipe Pichardo Moya. Para los integrantes de la segunda generación republicana (y en especial para su
promoción inicial) fue sin duda su experiencia histórica de más envergadura. A raíz de la misma, mostrando cada vez más los desarreglos en la estructura
del país, se suceden alteraciones que culminan en
el derrocamiento del gobierno de Machado. Estas
alteraciones (que afectaron ya a toda la generación)
significaron esencialmente el empeño por llevar a
cabo la revolución que habría de realizarse en la República, como Martí había advertido. La generación
se mantiene por ello en constante tensión política:
la política es su necesaria vocación.

En lo correspondiente al «guía», esta generación no
posee una figura que pueda considerarse como tal:
nos atrevemos a señalar, sin embargo, que la primera
promoción ejerce una especie de caudillaje colectivo
sobre la segunda promoción, que es la más importante en cuanto a logros poéticos. Es la primera
promoción la que funda la *Revista de Avance;* y
es uno de sus integrantes, Juan Marinello, quien pro-
loga libros de mucha importancia de Emilio Ballagas,
Nicolás Guillén —y también de Manuel Navarro
Luna, de su propia promoción—, señalando pautas y
normas. No ha de extrañarnos la existencia de este
caudillo colectivo: Salinas llegó a decir, con respecto
a la generación española «del 98», que el caudillo
de la misma «está presente precisamente por su
ausencia».[4] En cuanto al hecho de que este guía esté

4. Pedro Salinas, «El concepto de generación literaria apli-

referido a los de mayor edad, lo explica Petersen: «un guía semejante pocas veces la juventud lo busca entre sus compañeros de edad».[5]

El «lenguaje de la generación», la singular homogeneidad externa que es como el marchamo verbal de una generación, es factor sin duda existente con respecto a ésta. Aun distinguiendo dos grandes líneas exteriores —exponentes de las dos actitudes que asume la generación, de que ya hemos hablado: poesía social y poesía pura—; y aunque existen notas divergentes en lo esencial de ambas, puede señalarse una importante nota compartida, la cual arranca del común origen vanguardista: una gustación de la palabra como sonido (que conduce, por una vía, al goce de la onomatopeya negra; por otra, a la jitanjáfora). Sin poder apuntar todas las características de ese lenguaje, es segura su existencia, que enlaza las obras de Guillén, Ballagas y Florit.

Petersen añadió finalmente el factor «anquilosamiento de la vieja generación». Creemos que ese factor —y en Cuba quizás de modo especial— carece de gran vigencia, al menos si tomamos la palabra «anquilosamiento» en toda su extensión. Cuando irrumpe en la literatura la segunda generación republicana, es evidente que la primera no padece ese «aniquilamiento» de que habla Petersen. Aunque Poveda y Boti han definido ya el contorno poético mejor de su generación, Acosta publicará años después poemas de considerable importancia (v. *Los camellos distantes*, 1936); y en otros órdenes a más del poético, la primera generación prosigue mostrando ímpetu en obras como las de Medardo Vitier, José María Chacón y Calvo, Emilio Roig, José Antonio Ramos. En este sentido, es conveniente recordar las críticas de Marías a la aplicación por Petersen del criterio generacional. Hay en el pensador alemán, por una parte, una lamentable limitación del concepto de generación; por otra, una cierta indiferencia en cuan-

---

cado a la del 98», en *Literatura española siglo* XX, segunda ed. México, 1949, p. 31.

5. Julius Petersen, «Las generaciones literarias», en Emil Ermatinger (ed.): *Filosofía de la ciencia literaria*, trad. de Carlos Silva, México, 1949, p. 179.

to a su ritmo temporal. Una generación —que no tiene vigencia sólo en lo literario sino, muy por el contrario, en la vida social toda—, al hallarse en plenitud convive con otras, una de las cuales se halla germinando, y otra ha cumplido su misión mayor, sin que por ello pueda hablarse de «anquilosamiento». No insistiremos en este concepto, por demás polémico.

José Antonio Portuondo propuso añadir un nuevo factor a los ya mencionados:[6] el «quehacer generacional», fuertemente enlazado con la «experiencia generacional»; la actitud activa de la generación frente a la recepción pasiva de esa experiencia. Para esta generación, como ya adelantamos, ese quehacer consistió en la reestructuración de la República; fue un quehacer de índole raigalmente política. En un período de más de quince años realizó una serie de empresas inauguradas por la «Protesta de los trece», que dirigió Rubén Martínez Villena, y coronadas —en lo cultural— con la fundación de la *Revista de Avance*, que duró de 1927 a 1930; a partir de esta fecha, incorporada ya la segunda promoción de la generación, ésta acometerá la tarea de reestructurar en todas sus manifestaciones al país: a tal labor se dará hasta finales de la cuarta década del siglo. Es una generación esencialmente pugnaz, una «generación de combate», según la nomenclatura orteguiana. La define el politicismo; pero también, como reacción explicable, el apoliticismo: no la indiferencia hacia la política —que caracterizará a la próxima generación— sino la separación voluntaria, la sustracción a aquélla.

Observación: Hemos hecho referencia, en este intento de aplicación de los factores generacionales, a la generación en su totalidad. En cambio, y por razones ya aducidas en el esquema inicial, prescindimos de la promoción primera (salvo contadas excepciones) en este trabajo. Creemos haber insistido en las razones que nos llevaron a excluir obras de tanto interés: antes que nada, la consideración de que es

6. José Antonio Portuondo, «Períodos y generaciones en la historiografía literaria hispanoamericana», en *Cuadernos Americanos*, mayo-junio de 1948, p. 247.

sólo la segunda promoción la que, trazada ya la línea vanguardista, se encamina por rutas distintas de las provocadas por el modernismo (sin que esto implique, desde luego, estimación jerárquica alguna).

Poesía vanguardista

Denominación: Ocurridas ya, al iniciarse la tercera década de este siglo, las conmociones artísticas inauguradas por el cubismo en Francia y el futurismo en Italia, cuya impresionante serie de *ismos* recogió en libro nutrido y festivo Ramón Gómez de la Serna (*Ismos*, 1931), diose en llamar «vanguardia» a la suma o el resumen de estos *ismos*. Así entiende el término Guillermo de Torre al publicar su obra *Literaturas europeas de vanguardia* en 1925. Así lo entendieron entre nosotros algunos observadores, como Jorge Mañach o Regino E. Boti, al finalizar esta tercera década. El primero, en su ensayo «Vanguardismo», publicado en los tres primeros números de la *Revista de Avance*, hace resaltar que «aquella furia de novedad que encarnaron Marinetti, Picasso, Max Jacob, ha formado escuela». Y Boti, más explícito, aclara en *Tres temas sobre la nueva poesía:* «Bajo la denominación común de vanguardia entendemos varias escuelas conjuntas caracterizadas todas por el común denominador de la novedad.» Y es precisamente esta circunstancia de agrupar disímiles *ismos* bajo su nombre lo que permitirá que, años después de su apogeo, Mañach afirme de él que fue «una especie de fuga, una sublimación inconsciente de aquella actitud marginal en que creíamos deber y poder mantenernos para salvar la cultura»; y, por otra parte, que «sucumbió entre nosotros como movimiento polémico tan pronto como las conciencias creyeron hallar oportunidad real de expresión en lo político».[7] Es decir, que fue marginación de la circunstancia social y política y, al mismo tiempo, preparación para la activa participación en esta circunstancia. Paradoja cuya única explicación se halla

7. Jorge MAÑACH, *Historia y estilo,* La Habana, 1944, pp. 96 y 201.

en el hecho de cobijar la actitud vanguardista las raíces de la poesía pura y la social, a las cuales corresponden, en rigor, los sendos comentarios de Mañach.

Aparición: Hablamos ya, en el capítulo referente a los factores generacionales, de la labor renovadora que, en lo social y lo político, se impuso la generación. El vanguardismo significó la concomitante artística de esta tarea. Por ello, aunque fue la versión cubana de los *ismos* europeos, tuvo entre nosotros un añadido de insurgencia exclusivamente ligado a nuestro desarrollo histórico. Más de una vez rompió sus moldes estéticos y sirvió de cauce para la protesta política, hasta que, finalmente, volcó este contenido en la poesía social, y, dentro de ésta, en su modo político.

La fecha de aparición de las primeras composiciones vanguardistas no ha sido fijada con precisión, aunque se sitúe en la tercera década del siglo. Rafael Esténger —que habla de una «vanguardia sin estridencias» realizada «a gusto y fervor de la *Generación del 23*, siempre dispuesta a "verlo, sentirlo y adivinarlo todo"»— señala el año 1923 como aquel en que aparecen «las tendencias que solemos llamar genéricamente vanguardistas».[8] Las razones tomadas por él en cuenta, sin embargo, parecen políticas más que literarias. Mario Guiral Moreno, sin fijar fecha alguna (con un vago «hace unos veinticinco años») recuerda la primera señal que dio a conocer la presencia vanguardista: «la innovación de escribir con letras minúsculas las iniciales de los nombres propios de personas, ciudades, países, títulos de periódicos, organismos, establecimientos, etc.».[9] De modo definido, el vanguardismo aparece en las páginas de la *Revista de Avance*, fundada en marzo de 1927, y en el suplemento literario del *Diario de la Marina*, renovado ese mismo mes. La *Revista de Avance*, que desempeñó entre nosotros labor similar a la de *Martín*

8. Rafael Esténger, *Cien de las mejores poesías cubanas*, tercera ed., La Habana, 1950, pp. 49 y 9.
9. Mario Guiral Moreno, «Auge y decadencia del vanguardismo literario en Cuba», en *Anales de la Academia Nacional de Artes y Letras*, XXIII, 1941-1942, p. 203.

Fierro (1924-1927) y *Proa* (1924-1925) en la Argentina, *Amauta* (1926-1930) en el Perú o *Contemporáneos* (1928-1931) en México, no puso su acento en lo poético, y acogió en su principio indistintamente versos posmodernistas o vanguardistas, aunque hacia el final de su breve existencia se limitó a estos últimos. Ya en los primeros números aparecen poemas vanguardistas del argentino Roland Martel, del peruano Esteban Pavletich, de Manuel Navarro Luna; y algunos poemas «puros» de Mariano Brull (que aparecerían luego en su libro *Poemas en Menguante*, 1928). Ese año, también, poemas de tema negro se publicarán por vez primera en Cuba: los debidos al uruguayo Ildefonso Pereda Valdés (al siguiente año, Guirao inaugurará la poesía negra cubana con su «Bailadora de rumba»). Por estas razones, aunque limitando el vocablo *vanguardia* a la poesía no diferenciada en cuanto a su dirección (todavía no pura, social o negra), señalamos el año 1927 como límite en un sentido de nuestro estudio.

Poetas vanguardistas: La conmoción provocada por la vanguardia en Cuba puede medirse, no sólo por el número y la calidad de los poetas que surgen a la poesía en sus filas, sino por el homenaje que le rindieron, utilizando sus maneras, poetas completamente formados ya, y bien distantes de los objetivos de aquélla: por ejemplo, Agustín Acosta, que en 1927 publicó en la *Revista de Avance* tres poemas vanguardistas; Felipe Pichardo Moya, que codirigió *Antenas*, órgano del vanguardismo en Camagüey; Luis Rodríguez Embil, o Miguel Galiano Cancio. Son, desde luego, los integrantes de la promoción más joven de la segunda generación quienes se manifiestan con más persistencia como vanguardistas. Casi la totalidad de los poetas que lograrán obras estimables dentro de las direcciones ulteriores propias de la generación, se ha acercado a la poesía por esta ventana del azar y la cabriola. Así, Eugenio Florit, Ramón Guirao, Emilio Ballagas, Félix Pita Rodríguez, y aun Nicolás Guillén (único de éstos que no llegó a publicar en la *Revista de Avance*), después de algunos ensayos posmodernistas. Pero es sobre todo un integrante de la promoción anterior, formado en la expresión posmodernista, Manuel Navarro Luna, quien nos dará el libro más típicamente vanguardista de nuestra poesía: *Surco* (1928). Al hacer una nota crítica de esta obra, Ichaso señalaba ya que éste era «un libro de tránsito».[10] No otra cosa que un tránsito fue el vanguardismo, pero en Navarro, al menos, cristalizó en un libro que es compendio del momento; en los demás, el interregno vanguardista fue rápidamente abandonado, tras unos cuantos poemas. En caso similar a Navarro en cuanto a procedencia se halla Regino Pedroso, que inicia en 1927 la dirección social, y al cual nos referiremos al estudiar tal poesía. La *poesía nueva*, en Pedroso, no tuvo el paso previo de la desarticulación arbitraria; desde el primer instante se dirigió por las vías sociales y, por ello, no lo consideramos vanguardista, en el sentido que aquí damos a la palabra. Algunos integrantes de la promoción de Navarro y Pedroso mostrarán años después de la inquietud vanguardista, evidentes señales de aquélla en algunas de sus obras: Alberto Riera y Emma Pérez, por ejemplo. Hubo, finalmente, escritores no dedicados de preferencia a la poesía, que la rozaron en su momento vanguardista; por ejemplo, Delahoza —que dirigió, con Pita Rodríguez, *Atuei*— y Mariblanca Sabas Alomá.

Características generales de la poesía vanguardista: A diferencia de lo que haremos con respecto a las otras direcciones poéticas, aquí no estudiaremos la labor individual de ningún poeta vanguardista, y sí veremos, en conjunto, las características de esta modalidad. Ya mencionamos el sentido de tránsito que tuvo, por lo que no llegó a cuajar en obras definitivas, y menos aún constituyó la forma persistente de expresión de ningún poeta. En el libro *32 poemas breves* (1927), de Eugenio Florit, endeble obra inicial del notable poeta, se recogen algunos poemas de factura vanguardista («Los rieles», «El tranvía»); de *Surco* (1928), de Navarro Luna, ya hicimos referencia.

10. Francisco ICHASO, nota crítica al libro *Surco* (1928), de Manuel Navarro Luna, en *Revista de Avance*, 1929, núm. 30, página 27.

Las revistas del momento acogieron el mayor caudal de versos de vanguardia. Iniciado como un golpe dado en lo más exterior de nuestra literatura, sobre 1927, el vanguardismo puede considerarse como concluso al iniciarse la cuarta década del siglo (no obstante ofrecer latidos aislados con posterioridad a esa fecha, como el poema «Ciclón», de Pichardo Moya, recogido en la colección *La poesía cubana en 1936*). El mismo año 1927, aparecen los primeros brotes de poesía pura y social; al año siguiente, los de poesía negra. Por esas vías se dirigirá la *poesía nueva*, conservando notas vanguardistas, pero presentando en general un aquietamiento, una consolidación, de lo que en el vanguardismo era impulso sin meta cierta.

Las características de la poesía de vanguardia las hallamos de modo especial en lo que Robert Petsch[11] llamó «forma exterior»: abandono de los moldes estróficos, de rima, de medida, a fin de ofrecer la libertad máxima al poeta; abandono frecuente de las letras mayúsculas (que en 1932 aparece todavía en el libro de Emma Pérez *poemas de la mujer del preso*), y de los signos de puntuación (en que insistirá Ballagas al publicar por primera vez, en 1936, su *Elegía sin nombre*); disposición tipográfica alterada, a veces —tal caso de *Surco* en sus mejores poemas— a la manera del poeta español Antonio Espina, quien a su vez debió tomarlo del poeta «paroxista» francés Nicolás Beaudouin.[12] En vanguardismo cubano, sin embargo, no produjo nunca muestras audaces de esa «escritura tipográfica en tres planos»; a lo más, nos dejó ejemplos como éste:

> *En ellos van*
> *los ricos*
> *los que pueden*
> *los privilegiados*

(«Estación terminal», de Navarro)

11. Robert Petsch, «Análisis de la obra literaria», en *Filosofía de la ciencia literaria*, cit., pp. 251-292. Haremos alusión a varios de los términos que utilizan Petsch para el análisis de una obra literaria.

12. Guillermo DE TORRE, *Literaturas europeas de vanguardia*, Madrid, 1925, p. 168.

Más frecuente fue la disposición de las palabras en la hoja atendiendo al significado de las mismas. La palabra *caer*, por ejemplo, se disponía con las letras dando la impresión de descender de un extremo a otro del papel; lo contrario ocurría con la palabra *subir*, etc. O era la oración entera la que respondía —en la disposición— al sentido:

la sábana
          agarrándose
          a
          mis
          piernas
                    («Insomnio», de Navarro)

                                        a
                                      r
                                  ale
                                    c
                                  es

                              a
                            l

                                o
                              b
                            u
                          s

Un sudor de bullicio
me corre por el cuerpo
                  y
                    («Azotea», de Navarro)

Con frecuencia las palabras aparentan estar dispuestas simplemente al azar. Pero siempre se evita dar una impresión de serenidad al disponerlas. Heredada esta disposición del caligrama de Apollinaire, parecía querer sustituir la «musicalidad» modernista, por un sentido plástico, visual, del poema.

En cuanto a otros aspectos formales no tan exteriores, se ha insistido suficientemente en el papel preponderante que en toda la poesía llamada «nueva» asumió la metáfora. «La poesía es hoy el álgebra superior de las metáforas», dijo Ortega en 1925.[13] Reuniendo de modo sorpresivo entidades lógicamente irreconciliables, o usando con carácter inusitado diferentes partes de la oración, en número proporcionalmente mayor que dirección poética alguna, la vanguardia estableció una variedad considerable de metáforas y otras «superposiciones»,[14] llegando a temerse un adelgazamiento de la poesía hacia ese elemento. Este, que fue un fenómeno naturalmente universal, permitiría a Jules Supervielle hablar del «magnífico bombardeo de metáforas».[15] Como en la mayoría de estos caracteres de la vanguardia, entre nosotros la metáfora de índole vanguardista no llegó a tener la frescura o la sorpresa que le eran imprescindibles: las audacias ultraístas o creacionistas ya no eran audacias al intentarse años después de su apogeo. Además —observación que debemos a Boti—[16] no es la metáfora usual, sino otro tropo, el que utiliza de preferencia nuestra poesía vanguardista (según la expresión de Boti, «el que realiza la más atroz devastación en la novopoesía»): la prosopopeya o personificación. Ella, en efecto, está presente en casi todo poema vanguardista:

El tren les da las buenas tardes
a los postes del telégrafo

entre un grupo de árboles que me acompañan
agitando en el aire sus sombreros

(«El regreso», de Navarro)

Los vientos oceánicos
ahogaron
un grito de estupor.

13. José ORTEGA Y GASSET, *La deshumanización del arte*, Buenos Aires, 1942, p. 196.
14. Utilizamos una denominación de Carlos BOUSOÑO en su *Teoría de la expresión poética*, Madrid, 1952, p. 151.
15. *Cf.* Guillermo DE TORRE, *La aventura y el orden*, Buenos Aires, 1948, p. 138.
16. Regino BOTI, *Tres temas sobre la nueva poesía*, La Habana, 1928, p. 32.

Y los vientos misoneístas
batieron alas de revolución...

(«Misoneísmo», de Eugenio Florit)

y te encontramos haciendo calceta
en la aguja de tu pararrayos
con el ovillo interminable de los días.

(«Iglesia», de Emilio Ballagas)

El ciclón con guantes verdes se reclina en la baranda.

(«Penumbra», de Pita Rodríguez)

Finalmente, en cuanto a la forma, debe señalarse la esquematización constante, la exclusión de lo narrativo. Esto está algo frenado en unos pocos poetas, cuyo aliento persistentemente emocional le impide fraccionar el poema en una suma de metáforas: así Delahoza, que va cargando de sentido social sus escarceos vanguardistas; o Mariblanca Sabas Alomá, que mantiene un fondo erótico en sus versos.

No obstante la libertad total que desearon para sus poemas (las «palabras en libertad» que dijera Marinetti volaron a incrustarse en todo movimiento iconoclasta) es de interés destacar que la huida no ya de la estrofa, el verso regular o la disposición usual del poema, sino de la esencia misma de la palabra, su sentido, no fue llevada a cabo por los vanguardistas. Fue la poesía «pura» —Brull, en primer lugar— la que creó la «jitanjáfora», según la denominación escogida por Alfonso Reyes,[17] la palabra sin sentido, forma desnuda. En este aspecto, las órbitas de la poesía pura y la vanguardista tienen un importante punto de tangencia.

Observando la *temática*[18] de los poetas vanguardistas, Boti destacó su inclinación hacia los temas maquinísticos y sociales. Habría que añadir el paisaje, considerado como espectáculo, como un gran telón de teatro. El poeta vanguardista desea separarse ra-

17. Alfonso Reyes, «La jitanjáforas», en *La experiencia literaria*, segunda ed., Buenos Aires, 1952, pp. 157-193.
18. Entendido este término como «el asunto mentado por la expresión verbal o poética», Alfonso REYES lo llama *semántica* en *El deslinde*, México, 1944, p. 24.

dicalmente de lo sentimental, en busca, más que de una «deshumanización», según el término que acuñó Ortega, de una «desentimentización», como apuntó Reyes.[19] Para ello, recurre a los asuntos de la máquina, o —ayudando esto el que trascienda las fronteras literarias y desemboque en lo político— a las luchas sociales, a los temas obreros, etc., apareciendo así la poesía social (justamente sobre tales temas escribirá Pedroso los primeros poemas de la poesía social cubana). Debe consignarse que estos asuntos, aunque en Cuba, como dijimos, adquirieron un carácter local, por los problemas políticos y sociales del instante, eran ya tema de varios *ismos*. Por ejemplo, del futurismo, que en Italia y Rusia acabó fundiéndose con movimientos políticos. Y, también, del ultraísmo, el *ismo* español por excelencia, en que, si bien de modo esporádico, aparecieron alguna vez. Véanse, en el libro de De Torre que hemos citado varias veces, los poemas «Rusia» y «Gesto maximalista», de Jorge Luis Borges. También el tema del paisaje como espectáculo —lógicamente, sin establecer diferencias entre el paisaje urbano y el rural— se halla presente en los ejemplos que de ultraísmo ofrece De Torre. Guiral Moreno resumió del siguiente modo la temática de los vanguardistas cubanos:

«...objetos materiales, aun aquellos de carácter burdo o grosero (...) entonando cantos y loas a los vegetales, a los metales, a las máquinas, a los buques, a las locomotoras, y, en general, a las cosas inanimadas, con prescripción casi absoluta de todo lo que hasta entonces había servido a los poetas antiguos como fuentes inagotables de inspiración.» [20]

Como resultado de ese gusto por lo maquinístico, se produjo también una reiteración de neologismos referidos a tales objetos: *Zepellin, driver, raid,* etc. El propio Guiral ofrece el ejemplo de dos poemas de Enriqueta Terradas que muestran fehacientemente la contemplación del paisaje como puro espectáculo. Veamos uno de ellos:

19. Alfonso Reyes, op. cit., p. 27.
20. Mario Guiral Moreno, op. cit., p. 204.

Brochazos en dos o tres verdes.
Manchas negras.
Ángulos grises.
Una serpiente de cristal.
Zig-zags.
Promontorios.
Y por sobre todo este
Borrón de un pintor loco,
El Sol,
Restacuero del Espacio,
Luce sus brillantes
Como un nuevo rico.

(«El campo»)

Temas que podemos llamar del sentimiento los hallamos en la primera parte de *Surco*, de Navarro Luna («Surco sediento»), y en algunos de Pita Rodríguez, Emilio Ballagas, o Mariblanca Sabas. La vena vanguardista se enturbia, sin embargo, con tales temas. Lo que sí es típico de la vanguardia, y en especial en Pita Rodríguez, es una nota de humor mezclada a este mundo confuso. En general, se trata de apartar, de modo ingenuamente violento, a la poesía, del contacto con los temas gratos a la sensibilidad romántica.

Si atendemos al *contenido ideal* (el *Gehalt* de la clasificación de Petsch ya mencionada) de nuestra poesía vanguardista, notaremos en ella un afán de insurgencia, de novedad siempre, con frecuencia de profetismo, que denuncia una actitud romántica de la cual, en los temas y la forma, se huía con tanto empeño. Y hasta no sería difícil hallar una nostalgia de lo sentimental que encarnó, para el arte universal del momento, la figura de Charles Chaplin. Entre nosotros, Luis Rodríguez Embil —como Brull, proviene de la generación anterior, pero incorporado a las inquietudes de la segunda generación republicana— dedicó en 1928 una «Oda a Charles Chaplin» que así lo atestigua. De tal modo, como ya lo apuntamos con referencia a Pita Rodríguez, la nostalgia de lo sentimental aparece unida al humor, que la disculpa, haciendo escarnio de sí misma. La nota de humor está viva por ello en el vanguardismo.

«Sin querérsele reconocer del todo —dijo Gómez de la Serna—, el humorismo inunda la vida contemporánea, domina casi todos los estilos...»[21] A veces, más que humor es sarcasmo, forma amarga. Pita Rodríguez dedica un poema «A William Blake, en el infierno». Es fácil comprender que de tal forma, también se satisfacía el impulso combativo del movimiento. No es la alegría, sino el humor o el sarcasmo lo que predomina. Y tampoco es aquí difícil emparentar esta nota con los románticos —Byron, Espronceda— que cubrían frecuentemente con una nota irónica sus efusiones. El interior romanticismo del movimiento de vanguardia, lo ha aceptado uno de los mejores poetas surgidos en sus filas, Eugenio Florit: «El vanguardismo era en su esencia un movimiento romántico», ha dicho.[22]

Direcciones: Hemos insistido ya en el sentido transitorio que adquirió la poesía vanguardista cubana. Para algunos poetas, su filiación al movimiento se limitó a unos pocos poemas. Pero, aun en tal pobreza, es posible señalar dos direcciones en el vanguardismo de Cuba: una, trasunto del ultraísmo español,[23] que fue el predominante. Su figura más señalada fue Manuel Navarro Luna. La caracterizaron las muchas arbitrariedades de que hemos hablado, pero siempre con referencia inmediata a la realidad, levemente embozada en esa vestimenta retórica. La otra dirección tiene como representante principal a Pita Rodríguez. Su poesía es la expresión de una pura fluencia emocional, cercana al superrealismo, en la cual no hay el acercamiento de dos realidades, de que da testimonio la metáfora, sino una nueva y arbitraria organización resultado de soltar las amarras a la razón. Al comentar su obra (a la que llamó «un lirismo sin preocupaciones de inteligibilidad»), Marinello recordó la clasificación que de las tendencias de vanguardia había hecho José Carlos Mariátegui —poesía

21. Ramón GÓMEZ DE LA SERNA, *Ismos*, Buenos Aires, 1943, página 191.
22. Eugenio Florit, «Una hora conmigo», en *Revista Cubana*, v. II, núm. 4-5 y 6, p. 161.
23. *Cfr.* Eugenio Florit, op. cit., p. 160.

pura, épica social y disparate puro— y señaló a Pita Rodríguez como el representante más cabal, en nuestra lírica, del disparate puro. Curiosamente, su verso no es arbitrario, como su expresión. Hay en él cierto aliño, cierta medida (utiliza de preferencia versos de ocho o dieciséis sílabas) que lo salva siempre de la brusquedad o la nota abrupta. Marinello habló, a propósito de ello, de su verso «riquísimo de contenido alusivo y musical». Y, con referencia al peculiar humor que lo recorre, aseguró que «si su grito, su canto y su sonrisa no estuvieran embridadas por un son irónico, su poesía sería una suma jeroglífica sin relieve».[24] Este aspecto es el más importante de su poesía. Pero ésta ofrece otro, en que se notan influencias de las etapas neopopularistas de Lorca y Alberti (abandonada, pues, la pura expresión vanguardista). Sin embargo, en Pita Rodríguez, su libertad expresiva evita siempre el poema con una discernible columna central, adornada de metáforas, como puede hallarse, por ejemplo, en el Lorca de esa etapa. En aquél el poema es siempre más suelto, más traspasado por lo incoherente, hecho que impide señalar su centro anecdótico o conceptual. Aun en este aspecto, menos importante que el señalado anteriormente, su poesía responde a la carencia de normas fijas en su expresión, que lo convierte en un poeta cercano a la escuela superrealista, quizá el único cubano que podemos señalar como representante de tal movimiento, y aun así, de modo peculiar; tal, en pintura, el caso de Carlos Enríquez. Félix Pita Rodríguez recogió en 1948 algunos de sus poemas bajo el título *Corcel de fuego*.

Conclusión: El vanguardismo, entendido como el resumen de los ismos europeos, tuvo en nuestra poesía una vida efímera, un consciente sentido de tránsito hacia nuevas formas. Como Esténger dijo, parodiando una frase de Enrique Díez Canedo, «en Cuba apenas ha existido la "literatura de vanguardia"».[25] Provocó una conmoción violenta en lo más exterior de nuestra poesía, pero no tuvo ni persistencia ni

24. Juan MARINELLO, *Literatura hispanoamericana. Hombres. Meditaciones*, México, 1937, p. 132.
25. Rafael Esténger, op. cit., p. 48.

intensidad como para dejarnos obras de gran importancia. Como resultado del aliento de renovación que trajo consigo, la poesía cubana se dirigió por dos vías fundamentales: la poesía pura y la poesía social, que tuvo en la poesía negra un vigoroso representante del modo nacional. Estas direcciones lo hicieron desaparecer (aunque, como hemos dicho, se hizo sentir en obras tardías de Emma Pérez *poemas de la mujer del preso*, 1932— y Alberto Riera —*Canto del Caribe*, 1936; *Amor de la tierra*, 1939—), ofreciendo metas y formas fijas a la poesía, mientras el vanguardismo ofreció sólo una actitud iconoclasta, destructora; pero, a la vez, estas direcciones conservaron notas vanguardistas: la poesía pura conservó su libertad verbal, que exacerbó al crear la jitanjáfora (utilizada también por la poesía negra en su modalidad intuitiva); la poesía social, su sentido insurgente, revolucionario. Ambas direcciones mantuvieron, en general, su empuje libertario, que cada una utilizó de acuerdo con sus propios fines.

Finalmente, es conveniente hacer resaltar que el nombre vanguardismo sirvió para cobijar toda la poesía nueva realizada con posterioridad a la *Revista de Avance;* lo cual ha contribuido a confundir los límites de las diversas tendencias aparecidas a raíz de lo que, con sentido más restringido y —según creemos— más exacto, llamamos poesía vanguardista. J. J. Remos, por ejemplo, coloca a Brull a partir de sus *Poemas en menguante* «en la orilla radical del vanguardismo»,[26] aun cuando Brull no atraviesa ese período de tanteos e indecisiones que fue el vanguardismo, y se orienta de modo constante y seguro, a partir del libro mentado, en la dirección de la poesía pura. Y Rafael Esténger llama a «los poetas de *Orígenes*» últimos representantes entre nosotros de las extremas formas vanguardistas»,[27] a pesar de que ellos, como corresponde por lo demás a una nueva generación, se apartan tanto en lo formal como en los temas o el contenido, de toda poesía que entre

26. Juan J. REMOS, *Historia de la literatura cubana*, III, pp. 232-233.
27. Rafael Esténger, op. cit., p. 54.

nosotros pueda ser llamada vanguardista, y de que el mismo Esténger, en cita anterior, reconocía la corta vigencia del vanguardismo entre nosotros.

JUAN MARINELLO
Sobre el vanguardismo en Cuba y en la América Latina

CIL.* — *Es sabido que una publicación como la* Revista de Avance *desempeña un papel determinante en la renovación de las tendencias literarias de Cuba. ¿En qué medida podría asociarse el movimiento literario y artístico provocado por esta publicación, con el resto de las manifestaciones «vanguardistas» de la época? ¿A qué atribuiría usted las evidentes diferencias que existen entre la literatura cubana del momento (tercera década de este siglo) y el resto de los «vanguardismos», muchos de ellos señalados por su actitud abiertamente iconoclasta y europeizante?*

— Es evidente que la *Revista de Avance* cumple un papel importante en la renovación de las tendencias literarias de Cuba, aunque esté limitada, presa, por la misma realidad que quiere mudar. Es obligado que nazca influida por las modalidades que se expresan contemporáneamente en la América Latina, pero marcando rumbos y alcances privativos. Cuba posee un singular conjunto de elementos determinantes de su camino histórico, lo que explica la ocurrencia en su seno de la más trascendente revolución americana. Tal conjunto se anuncia contradictoriamente en los días de nuestro *vanguardismo*.

Si es una verdad elemental y consabida que cada movimiento artístico es hijo del momento social que lo engendra, han de examinarse las características de la *Revista de Avance* en función del cuadro ofrecido por Cuba en la segunda década del siglo. En más de una ocasión hemos discurrido sobre el modo en que refleja la *Revista* —en sus debilidades,

* CIL (Centro de Investigaciones Literarias), Casa de las Américas, La Habana, Cuba.

en sus excelencias y en sus contradicciones—, el tiempo en que nace. Como que las circunstancias cubanas lucen la singularidad que hemos subrayado, nuestro vanguardismo no expresa sino por excepción propósitos comunes a los del Continente.

Es indiscutible que al iniciarse, con el siglo, la República mediatizada, nuestro retraso en los campos de la creación artística es manifiesto y encarnizado. Es cierto que José Martí —el más poderoso y original innovador de la literatura hispánica en América—, nos ha dejado ya la herencia invalorable de su obra en prosa y verso; pero su escritura, producida fuera de la isla y en periódicos y parajes muy diversos, es desconocida en ella. Una luz genuina y de ademán sorprendente, la de la poesía de Casal, se apaga, sin descendencia, antes de finalizar la centuria. Nuestro Modernismo —Boti, Poveda, Acosta—, es un eco superviviente muy a distancia, en lo general, de nuestras frustraciones sangrantes. Los mandatos de Rubén Darío engendran una poesía distinta, de momentos felices, pero que, si por una parte, registra maneras cumplidas, por la otra, no supone una afirmación original de lo nuestro.

No sería justo negar la existencia de tareas considerables en los primeros 20 años de la República mutilada. El ejemplo de *Cuba Contemporánea* lo evidencia; pero no fue el mensaje creador, artístico, razón de sus páginas. Lo dominante en esa etapa es la expresión instrumental, la letra sin sorpresa. Los rectores de la juventud, Enrique José Varona y Manuel Sanguily, habían ofrecido ya lo más inquieto de su aporte y, por otro lado, no fueron ni el uno ni el otro, aunque más Varona que Sanguily, creadores literarios en los campos de la ficción o de la lírica.

En los años 20 conmueve la sociedad isleña un anhelo de cambio tan intenso como difuso: Todos —el pensador político y el creador de arte—, se sienten penetrados por la angustia de rumbos nuevos. Se abren caminos, aunque no se vislumbre su exacta trayectoria. Alguna vez he llamado a la etapa que se inicia en 1920 la *década crítica*. Creo que el calificativo es ajustado. Anótese que en estos diez años ocurren hechos decisivos: fundación del Partido Co-

212

munista de Cuba, irrupción de la llamada revolución universitaria, Protesta de la Academia, publicación de *Venezuela Libre,* de *América Libre* y de *La poesía moderna en Cuba,* transformación positiva de *Social,* desarrollo y fracaso del Movimiento de Veteranos y Patriotas, apertura de la Universidad Popular *José Martí,* Manifiesto del Grupo Minorista y salida de la *Revista de Avance.* Esta década angustiada, inconforme y anunciadora está pidiendo un examen exhaustivo. Ofrecería mucha luz sobre desarrollos posteriores.

La *Revista de Avance* —y digamos de nuevo que en su contradicción, en su debilidad y en su excelencia—, es quizá, en su campo, la presencia más significativa de un tiempo atravesado por dramáticas inquietudes errabundas. El propósito capital de la *Revista,* reiterado en sus pronunciamientos y en su contenido, es el de actualizar nuestra creación artística, lo mismo en la poesía que en la narrativa, tanto en lo musical como en lo plástico. Pero tal propósito se produce en un tiempo conmovido por urgencias de otro orden, que al fin imponen su huella.

Ocurre en el caso de la *Revista de Avance* un hecho merecedor de buena meditación: un hecho que prueba como las profundas realidades sociales —determinadas por primordiales causas económicas—, cobran su cuota, estremeciendo todas las torres de marfil. Las raíces de la insatisfacción arrancan de la entraña de la frustración nacional y su angustia tiñe todos los caminos, aun los de la más encarnizada evasión. Así en la *Revista* aparece lo político, lo mismo cuando declara su adhesión al Manifiesto del Grupo Minorista que cuando protesta contra el «proceso comunista» seguido a Casanovas y a Tallet, cuando critica la Sexta Conferencia Panamericana, denuncia la barbarie de Juan Vicente Gómez, rompe lanzas por la independencia de Puerto Rico, ataca al libelo pseudohistórico de Charles Chapman y aplaude las conclusiones de *La agonía antillana* de Arasquitáin y de *Our Cuban Colony* de Leland Jenks.

Puede sorprender a quien no conozca los elementos que condicionan el quehacer intelectual en la *década crítica,* la trayectoria de tres editores de la *Revista de Avance.* Es sabido que Jorge Mañach, Francisco

Ichaso y Félix Lizaso acabaron sus días haciendo armas contra la Revolución cubana, mientras Martín Casanovas se le mantuvo fiel hasta el último instante. Todo empieza a esclarecerse si se tiene en cuenta que Lizaso, Ichaso y Mañach fueron representantes típicos de su clase. La vacilación propia de la pequeña burguesía los llevó alguna vez hacia criterios que pudieran calificarse de progresistas. Fue sólo el efecto de reclamos que no podían desoír y que no suponían una militancia discrepante ni un compromiso ideológico. Tan pronto se definieron los campos y la acción política fue polarizándose hacia el combate al imperialismo o hacia su aceptación y respaldo, los tres escritores que aparecen alguna vez cercanos a la causa popular, obedecen a los objetivos de su clase y se pasan al campo enemigo.

En verdad, el forcejeo interno de la *Revista* se mantuvo a lo largo de toda su existencia y se rompió cuando la conmoción que culminó la década hizo imposible un equilibrio herido en la base. Los sucesos del 30 de septiembre de 1930 dieron muerte a la *Revista de Avance*, como se consigna en su último número; no porque se manifestasen entonces las vías exactas de nuestra liberación sino porque bajo la insatisfacción creciente latía, sin que muchos lo advirtieran, la urgencia de cambiar las estructuras dominantes, las que sustentaban la realidad en que estaban insertos Mañach, Ichaso y Lizaso. Al afilarse el dilema, tomaron partido, y al decidirse positivamente, en 1959, estaban situados en la trinchera desde la que se combatía el destino de la nación libertada.

Dentro de los límites establecidos, la *Revista de Avance* da a conocer movimientos y personalidades ignorados o escasamente conocidos. En los cuatro años que vive la *Revista* —tiempo dilatado en empresas de su fisonomía—, se ensancha en buena medida la visión de escritores y lectores enterados, aunque abunden los desenfoques y las desmesuras inevitables.

No es fácil, desde hoy, medir el rol de la *Revista de Avance* en su menester actualizante. Corrientes y autores que andan ahora en el bagaje del hombre cultivado y aun del curioso, eran ignorados en la

Cuba de 1927, Picasso y Cocteau, Diego Rivera y José Clemente Orozco, Matisse y Max Ernst, Mérida y Lazo, Grosz y Covarrubias integraban un inquietador mundo apenas entrevisto. Bertrand Russell y Santayana, Brandes y Gide, O'Neill y Keyserling, Valéry y Supervielle, Cendrars y Delteil, Giraudoux y Dos Passos, Stravinsky y Schoenberg, eran novedades entonces. La jerarquía de Charles Chaplin, que no gozaba aún de nivel solidario, fue destacada enérgicamente por la *Revista,* que registró el reencuentro de Góngora y señaló a Goya su sitial legítimo.

Los escritores latinoamericanos de mejor calidad fueron colaboradores o visitantes de la *Revista de Avance.* Al hojear presurosamente sus números, encontramos los nombres de Alfonso Reyes, César Vallejo, Mariátegui, Blanco Fombona, Azuela, Asturias, Juana de Ibarbourou, Torres Bodet, Genaro Estrada, Pocaterra, Antonio Caso, Pellicer, Jorge Cuesta, Gorostiza, Xavier Abril, Maples Arce, Erro, Donoso, Pereda Valdés, Ortiz de Montellano, Villaurrutia, Novo, González Rojo, Miró Quesada, Ferreiro, Crespo de la Serna, Balseiro y Fusco Sansone, entre otros. La revista *Social,* es cierto, compartió con el órgano de la *vanguardia* la tarea de mantenernos comunicados con las inquietudes continentales de mejor relieve, pero anduvo muy estorbada por su condición de servidora de la *high life,* que le venía del nacimiento.

Por fáciles razones, los valores cimeros y los que estaban en camino de serlo en la España de entonces anduvieron muy cerca de la *Revista.* Ortega y Gasset sonrió su aparición, Unamuno y D'Ors escribieron para ella, como Federico García Lorca, Américo Castro y Fernando de los Ríos. Los que le seguían en años y autoridad, Gómez de la Serna, Marichalar, Moreno Villa, Francisco Ayala, Adolfo Salazar, Jarnés, Arasquitáin, Chabás, García Maroto, Carner Ribalta, Gash, Carmen Conde, Oliver Belmás y Gassol, entre otros, la rodearon de cálido estímulo.

En cuanto a la colaboración nacional, aunque la *Revista* irrumpió maldiciendo lo viejo y exigiendo temas y modos recién nacidos, sus páginas acaban siendo un muestrario de los más diversos criterios y estilos. Descubrimos en sus números a Varona y a Ortiz, a Ramiro Guerra y a Chacón y Calvo, a Hernández Catá y a Carlos Loveira, Medardo Vitier, Lles, Suárez Solís y Rodríguez Embil los acompañan. Entre los *nuevos* de la hora, Carpentier, Roa, Gran y los editores de la *Revista*. Escritores valiosos que no dieron toda su medida como Severo García Pérez, Pedro Marco y Castañeda Ledón le fueron fieles. Desde ella se hacen dos *descubrimientos:* Novás Calvo y Montenegro. En la poesía cuentan los modernistas como Acosta y Boti y los que ya no quieren serlo como Tallet, Rubiera, Navarro Luna, Núñez Olano, Brull y Pedroso. Y los entonces *novísimos* Pita Rodríguez, Guirao, Ballagas y Florit.

Más allá de lo literario, la *Revista de Avance* intenta con frecuencia y logra a veces destacar y afirmar valores posteriores consagrados: Roldán y Caturla se movieron en su ámbito y fueron *sus* músicos. Y sirvió, con *Musicalia*, la excelente publicación de María Muñoz y Antonio Quevedo, al conocimiento de los compositores extranjeros de más garbo y poder.

En lo plástico, tarea en que fue incansable y lúcido animador Martín Casanovas, se acogieron los mejores logros de los creadores vivos. Si los nombres son muchos —Loy, Masaguer, Revenet, Gattorno, Castaño, Riverón, Hernández Cárdenas, Romero Arciaga, Segura, Sabas, Pogolotti y Angelo—, debe anotarse como destacó reiteradamente la significación primordial de Víctor Manuel, Carlos Enríquez y Eduardo Abela, como encendió nuevas medidas en la línea de Jaime Valls y como reivindicó el nivel cimero de Rafael Blanco, su colaborador asiduo. Los tres grandes de nuestra plástica prerrevolucionaria entregaron mucha obra original a sus páginas y fue la *Revista* la organizadora de sus exposiciones, que nunca dejaron de levantar saludables ventoleras. Con lo que aparece en sus números como colaboración de Enríquez, Abela y Víctor Manuel pudiera ofrecerse un tomo de mucho alcance y gracia: allí se descubriría el arranque de sabia novedad que gana después vuelo e imperio.

Definir lo que hubo en la *Revista de Avance* de europeísmo y de americanismo nos conduciría a larga meditación. En ese espacio se cruzan saetas vibrantes de un contrapunto que persiste con matices y senderos renovados.

En lo esencial, no puede aceptarse que fuera europeizante una revista que mantuvo, desde el primero al último de sus números, la preocupación de dar con caminos que condujeran a una obra cubana y latinoamericana. Habría mucho que imaginar sobre el cubanismo y el americanismo satisfactorio para alguno de los editores de la *Revista de Avance*, pero el hecho de indagar el modo de ofrecer lo nuestro, a distancia de lo europeo es cosa innegable.

No debe ocultarse, sin embargo, un hecho obligado: al intentar el conocimiento de modalidades europeas de la última hora se produjeron contagios flagrantes; pero en momento alguno ocurrió que, como en otros empeños vanguardistas del Continente, se quisieran trasplantar a nuestro medio los *ismos* enarbolados en París. La *Revista* fue más un muestrario actualizador que una bandera militante de colores definidos. Como comprobación de lo afirmado, deben señalarse los números que dedica la *Revista de Avance* a José Carlos Mariátegui y a Waldo Frank, el que ofrece al arte mexicano del momento y la encuesta, mantenida en varias entregas, sobre lo que debía ser el arte americano. Opinaron en ella, Varona, Blanco Fombona, Torres Bodet, Regino Boti, Eduardo Abela, Hernández Catá, Luis Felipe Rodríguez, Raúl Roa, Víctor Andrés Belaúnde y Pereda Valdés entre otros. Al propio tiempo, la *Revista* se plantea la necesidad de proyectar nueva luz sobre la obra de valores nacionales del XIX, José Martí, en primer término.

La anchura de preocupaciones anotada y la circunstancia de mezclar lo nuevo con lo viejo hace de nuestro vanguardismo un intento menos representativo de las corrientes últimas de lo que anuncia su aparición. Si medimos su altura mirando al trasplante o a la correspondencia de *ismos* europeos, su balance es menor que el de sus contemporáneos del Continente; si, en cambio, atendemos a lo que quiso ser como renovación de entendimientos y perspectivas y como servicio a objetivos numerosos, luce notas de mayor alcance, sin que deba ser absuelto de sus múltiples manquedades.

Por lo dicho queda claro que mientras domina en

Cuba una voluntad actualizante sin nombre ni apellido, en otras latitudes es el vanguardismo vehículo de propósitos que, respondiendo a lo europeo en boga, quiere ofrecer hazañas sorprendentes a la invención literaria. Indagar en el nivel y la medida de tales hazañas nos comunica con la segunda pregunta del interrogatorio.

CIL. — *A su juicio, ¿qué papel desempeñan en el desarrollo posterior de la literatura latinoamericana movimientos como el Ultraísmo, el Creacionismo y el Estridentismo y en cuál de estos movimientos encuentra usted una mayor afirmación de lo que entonces se llamó «nueva literatura» o «nueva poesía»?*

No es fácil solventar en pocas palabras las cuestiones que plantea esta pregunta. Trataremos de ir a lo que entendemos primordial.

Es bien sabido que de tiempo en tiempo aparecen en la América Latina corrientes y movimientos renovadores que se creen vehículos de una *nueva literatura*. Responden, desde luego, a una intensa y sincera ansiedad por ofrecer al mundo una escritura —una poesía, principalmente—, inesperada y reluciente, capaz de dar —¡al fin!—, con la sustancia y el perfil del orbe americano. Pasa el tiempo y nuevas tensas gallardías intentan la hazaña con varia fortuna. A estas ambiciosas rebeliones pertenecen el Ultraísmo, el Creacionismo y el Estridentismo.

En la aparición de estos *ismos* americanos se dibuja un complejo cruce de elementos que no advierten por lo común sus abanderados. Como nuestros pueblos vienen culturalmente de Europa, es obligado que sus escritores vivan inquietados de las innovaciones conceptuales y formales que afloran en las viejas tierras matrices. Unas veces reaccionan con violencia, para *sentir* su libertad; otras, traducen los nuevos modelos, mientras claman contra su dominio; en alguna oportunidad, aparecen relieves distintivos que son anuncio de una real afirmación liberadora. En el largo trayecto recorrido para alcanzar lo americano, puede acotarse una etapa de intensos perfiles que discurre entre las dos guerras mundiales. A ella se refiere, con buena aproximación, Danièle Masacchio en su ensayo *El surrealismo en la poesía hispano-*

americana. Recordemos el cuadro en que inscribe su meditación.

«Existe en poesía, en la América Hispánica como en Europa [dice la escritora francesa], entre los años 1910 y 1935, una ebullición de fuerzas jóvenes que quieren calificarse de vanguardia y que ofrecen similitudes entre ellas, aunque se creen diferentes. Si ponemos de lado los epígonos, quedan en lo esencial: el Creacionismo en Chile, el Ultraísmo en la Argenina, el Estridentismo y el grupo de *Contemporáneos* en México, y el poeta César Vallejo en el Perú. Estos grupos de poetas o estos poetas tienen relaciones más o menos estrechas con Europa. A veces, lo veremos, surgen espontánea y totalmente independientes de los movimientos europeos paralelos. Algunos carecen de relaciones reales con el Surrealismo, otros son surrealistas *avant la lettre.* Pero todos participan de un gran movimiento de cambio violento, de revuelta permanente y total, que puede interpretarse en América Hispánica como una reacción frente al Modernismo, pero que ha sido preparada por él, tal como la vanguardia poética francesa del momento fue preparada por el Simbolismo y aun por el Romanticismo.»

Parece innegable que las corrientes más destacadas de la etapa a que se refiere Daniéle Masacchio no obedecen a cambios profundos y genéricos sino a la voluntad de independencia de ciertos poetas mayores y de los que componen su clientela discipular. Así, el Creacionismo es Huidobro, el Ultraísmo, Jorge Luis Borges y el Estridentismo, Manuel Maples Arce. Si cada caudillo trata de ser distinto y superior a sus contemporáneos y, en una medida o en otra, vive inquietado por la peripecia europea, sería descaminado atribuir a su obra una novedad sustancial, capaz de dar nacimiento a una *nueva literatura.* La brillantez de la hazaña no nace de raíces dilatadas.

Adviértase esta circunstancia significativa: Daniéle Masacchio sitúa la novedad de César Vallejo al mismo nivel de los *ismos* que examina. Un solo poeta cobra tamaño de escuela, lo que está diciendo que se trata de maneras singulares y poderosas —lo son sin duda las de Vallejo—, que nacen de sensibilidades poéticas de tanto nivel que pueden darse el lujo de explicar su excelencia a través de manifiestos redentores que no son, en lo principal, sino testimonios posteriores al verso, distintos.

Vistas así las cosas y sin negar que el Creacionismo, el Ultraísmo y el Estridentismo suponen interesantes experiencias líricas no sería lícito señalar, desde el ángulo que nos importa, superior perfil a un movimiento que a otro. Sí parece oportuno afirmar que la voz más alta de la etapa y la que, por serlo, anuncia los términos de una gran poesía americana, es la de César Vallejo.

Para situar en Vallejo una más colmada magnitud y advertir en su verso la señal de una poesía distinta, existen razones inocultables. La materia sorprendente del verso vallejiano, no viene como en Huidobro, Maples Arce y Borges, de la decisión meditada —ademán narcisista en último análisis—, de convertirse en capitanes milagrosos, en conquistadores de fabulosas Indias Poéticas. Vallejo es nuevo *desde adentro*, y aunque no está ausente de su ánimo, artista consciente y lúcido que fue, el encuentro de un nuevo Continente, su hazaña está señoreada por un poder creador que le otorga derecho al uso de las armas secretas que lo hacen rey de su reino. Si sería fuerte error sostener que no es Vallejo una gran voz americana —la más empinada y genuina de su tiempo—, también lo sería afirmar que es el fruto de una literatura continental iniciadora de una nueva edad. Aun dentro de su gran tamaño y por el mismo, el autor de *Trilce* no es una culminación sino el inicio de un gran tiempo.

Si un poeta extraordinario es superior a los que dicen representar movimientos libertadores, ha de reconocerse que no estamos ante un cambio *histórico*, ante una conmoción que descubra los fundamentos de una expresión continental de naturaleza desconocida.

En resumen, los movimientos que habitualmente se incluyen en el vanguardismo, suponen momentos interesantes, testimonios de una rica vitalidad, brotes de una afloración alerta, pero lejanos, por nacimiento y gestos, de una literatura a escala con la anchura inabarcable del mundo americano.

CIL. — *¿Cree usted que los Vanguardismos sean una reacción* esencial *contra el Modernismo?*

Para contestar satisfactoriamente esta tercera pregunta habría que definir lo que entendemos por Modernismo y la suma de excelencias y manquedades que descubrimos en la poderosa invención de Rubén Darío. Sólo teniendo clara la conciencia de un hecho literario puede medirse con acierto el calado de lo que se le opone.

Algunas gentes conocen mi opinión sobre el Modernismo, sus causas, esencia y proyecciones, y debo decir que no siempre se ha entendido rectamente tal opinión. En términos escuetos, imperfectos por tanto, estimo que Modernismo fue una escuela poética capitaneada por un creador de altísimo aliento y que en sus cantos postreros puede hombrearse con alguno de los más acatados de la literatura universal; pero el cuerpo de doctrina que proclama y reitera —tan cargado de preciosismo sugestivo y confesado galicismo—, reduce su ámbito y estrecha el campo de los fervorosos seguidores. Sin deseo de paralelismo doméstico, creo que el rubendarismo, que equivale al Modernismo, es una corriente (desbordada y sobrepasada en los últimos tiempos por el mismo que la desata), que aparece en una etapa de transformaciones capitales hacia la *modernidad,* etapa que alcanza la más alta expresión en José Martí.

De este juicio se desprende que una reacción *esencial* frente al Modernismo debió trasfundir sus logradas gracias en una poesía que, según el dictado de Martí, fuese atravesada por todos los vientos sin agostar sus potencias realengas. Sabemos que no ocurrió así porque nuevos extranjerismos cultos ganaron el campo y, como en el Modernismo, brillaron personalidades singulares quemadas, como la mariposa de la fábula, en la misma llama que las atrajo a su luz.

Parece que en la transitada consigna de una literatura nueva para América, se va abriendo paso el criterio exacto. Cada día se hace más claro que carece de realidad y de sentido seguir esperando el milagro de una expresión tejida de adivinaciones peregrinas, sin noticia de modos y gentes de otros parajes. Está llegando la hora de que se entienda la americanidad como un proceso ascendente en que los escritores de garra y vuelo proyecten en el accidentado contorno enfoques y métodos de evidente eficacia, cualquiera sea su procedencia.

La ancha perspectiva de las letras latinoamericanas nos convence de que, desde siempre, ha existido una escritura de duradera legitimidad, aquella en que se juntan la posesión de una fuerte maestría lanzada a traducir las ansiedades en torno, con la mejor cultura que cada momento permite. Y al afirmar esto pensamos, naturalmente, en Garcilaso Inca y en Sor Juana Inés, en Bello y en Altamirano, en Heredia y en Sarmiento, en el Hernández del *Martín Fierro* y en López Velarde, en José Martí, en Gabriela Mistral y en otros escritores de la misma cuerda invulnerable.

La dichosa conjunción aludida ofrece siempre el americanismo verdadero, el apetecido, el indefectible, el mejor americanismo que no es el del avestruz que sólo conoce el hueco de su arena sino el de las águilas que, para mejorar el vuelo, buscan, enfrentan y dominan los vientos que les llegan de todas las alturas. Por razones muy varias no aparecen en cada etapa obras de excepción en todos los géneros; pero un balance incansable y afilado nos diría que no han nacido ni nacen creaciones de valor permanente sino a través de tan sediento equilibrio.

Este entendimiento de la novedad americana, más allá de movimientos ansiosos y personalidades brillantes, no apunta hacia un lento proceso ni menos hacia un compromiso deliberado; por el contrario, mira a la integración de una literatura de estribaciones orgánicas, en que hallan plaza los ademanes más inesperados, pero en que la transformación necesaria nace de una fidelidad lúcida al medio y al tiempo que viven en el escritor.

Es urgente que este sentido social —social en lo más estricto y cabal del término—, de la literatura latinoamericana gane la conciencia de nuestros creadores, ya que viven las vísperas de acontecimientos grandiosos.

Confieso la impresión que me causó un importante

artículo de Dámaso Alonso sobre el futuro inmediato de la lengua española. El artículo se afincaba, y en ello residía su fuerza, en desnudos datos demográficos. En los inicios del siglos XXI, que conocerán muchos jóvenes de ahora, la América Latina pasará de los 300 millones de habitantes, al paso que España, si nos atenemos a datos que no fallan, apenas crecerá su población; lo que quiere decir que en un siglo que ya nos pisa los talones, el mando y la hazaña de nuestro gran idioma pasarán a los países americanos. Ello supondrá la aparición del mayor público lector de una misma lengua ya que el habla brasileña es pariente accesible de la castellana. Y como precisamente durante este tiempo, a lo largo de estos 30 años, ha de producirse la real y definitiva liberación de nuestros pueblos, su enorme potencial creador producirá la *explosión cultural* que ya muestra a todos la Revolución cubana.

Un dominio idiomático de tanta latitud y de tan rica y contrastada unidad, derramado sobre paisajes, matices, conflictos y propósitos de calado insospechable, abre la coyuntura de una creación a escala con las más plenas de la tierra.

Creo que está ciego quien no vea los anuncios de la cercana grandeza. Cuando desde Europa saludan en franco reconocimiento el nivel de la actual narrativa latinoamericana, están saludando en verdad el comienzo de un proceso de alcances históricos. No importa que ciertos críticos de paso corto se detengan a descubrir huellas de los narradores de Europa y de los Estados Unidos en la tarea de los novelistas de nuestro mundo. Tales influencias existen sin duda, aunque no en la medida ni el sentido que tales críticos proclaman; pero, en todo caso, la calidad intrínseca de la trama y el dicho, la gracia legítima y la maestría patente dibujan una clara línea en ascenso. La ceguera de estos dómines provincianos les impide penetrar en el hecho de que una empresa de tal tamaño no gana sus batallas en una hora. Gran cosa que dominen el aire de renovación que a tanta distancia mueve el bosque intrincado de la ficción.

La Revolución cubana está diciendo cómo el enderezar el camino de una cultura nacional y hacerla vehículo de obras singulares es un empeño cercado de obstáculos; pero o se salvan tales obstáculos o se continúa esperando la llegada de los magos milagrosos o intentando el gentil usufructo de algunos caudillos europeos. La *nueva literatura* es una realidad en marcha y, como en los días de la independencia, su crecimiento y vuelo están asegurados por la lucha de veinte pueblos contra el común enemigo, el imperialismo. Casi no hay que decir que no se trata de abogar por una limitada expresión militante, aunque esta deba lograr la mejor dignidad; se trata de traducir con fidelidad esencial y creciente sorpresa la imagen de un mundo de costados innumerables que marcha apasionadamente a su destino.

LOS AUTORES

César Fernández Moreno (Argentino, 1919)

Poeta, ensayista, profesor universitario; ha realizado algunos trabajos como guionista cinematográfico; vive actualmente en La Habana. Obras: *Gallo ciego* (1940), *Destino Buenos Aires* (1961), *Argentino hasta la muerte* (1965), *La realidad y los papeles* (1967), etc. «Distinguir para entender», entrevista con Leopoldo Marechal, fue publicada en *Mundo Nuevo*, París, 1967, núm. 18, pp. 59-64. Incluimos sólo las respuestas referentes al martinfierrismo. «El ultraísmo» es uno de los capítulos del libro *La realidad y los papeles*, Madrid, Ed. Aguilar, 1967, pp. 143-156.

Roberto Fernández Retamar (Cuba, 1930)

Poeta, ensayista y profesor universitario. Cursó estudios de letras en La Habana, París y Londres. Dirige la revista *Casa de las Américas*. Es autor de varios libros de poemas, reeditados en 1966 bajo el título de *Poesía reunida*. Obra ensayística: *La poesía contemporánea en Cuba* (1954), *Idea de la estilística* (1958), *Papelería* (1962), *Ensayo de otro mundo* (1967) y *Calibán* (1976). «La segunda generación republicana» «Poesía vanguardista» son capítulos de su libro *La poesía contemporánea en Cuba* (1954), tesis para optar el doctorado en Filosofía y Letras, en la Universidad de La Habana.

Luis Leal (México, 1907)

Profesor y crítico literario; profesor en la Universidad de Illinois, EE.UU. Obras: *Breve historia del cuento mexicano* (1956), *Historia del cuento hispanoamericano* (1966). «El movimiento estridentista» se publicó en *Movimientos literarios de vanguardia en Iberoamérica,* Memoria del Undécimo Congreso, realizado por la Universidad de Texas, México, 1965, pp. 77-87.

ENRIQUE LIHN (Chile, 1929)

Poeta, cuentista, crítico de arte. Dirigió la *Revista de Arte* de la Universidad de Chile; trabajó en el Centro de Investigaciones Literarias de la Casa de las Américas. Obras: *Nada se escurre* (1949), *La pieza oscura* (1963), *Agua de arroz* (1964), *Poesía de paso* (1964, premio de poesía Casa de las Américas del mismo año), *Escrito en La Habana* (1969), etc. «El lugar de Huidobro» es título nuestro a su prólogo de *Poesía de Vicente Huidobro,* La Habana, Casa de las Américas, 1968, pp. 7-31.

EDUARDO LÓPEZ MORALES (Cuba, 1939)

Poeta y crítico; egresado de la Escuela de Letras de la Universidad de La Habana; director del Centro de Documentación de la Casa de las Américas; mención en el premio de poesía, 1969, convocado por este organismo; colabora en las revistas *Casa,* y *El Caimán Barbudo.* «Encuentro con un destino americano» fue escrito especialmente para este volumen. Obra: *Ensayo sobre el entendimiento humano.* Ocupa, en la actualidad, un cargo diplomático en Bogotá.

JUAN MARINELLO (Cuba, 1898)

Poeta, ensayista, diplomático, miembro del Comité Central del Partido Comunista Cubano y actual embajador del gobierno revolucionario ante la UNESCO, París. Fue uno de los fundadores de la *Revista de Avance* (1927-1930). Obras: *Juventud y vejez* (1928), *Americanismo y cubanismo literario* (1932), *Actualidad americana de José Martí* (1942), *Martí, escritor americano* (1958), *Meditación americana* (1959). El trabajo aquí incluido son sus respuestas inéditas a nuestro cuestionario sobre la *Revista de Avance* y el vanguardismo en Cuba.

WILSON MARTINS (Brasil, 1921)

Profesor de literatura francesa, ensayista y crítico literario; ejerció la crítica en *O Estado de São Paulo*, diario brasileño. Obras: *Interpretaçoes* (1946), *Introduçao a Democracia Brasileña* (1951), *Les théories critiques dans l'Histoire de la littérature française* (1952), *A palavra Escrita* (1957), etc. «El vanguardismo brasileño» es título nuestro a la primera parte introductoria de su ensayo «50 años de literatura brasileña», *Panorama das literaturas das Américas*, v. I, Nova Lisboa, Angola, Ediçao de Municipio de Nova Lisboa, 1957.

JAIME MEJÍA DUQUE (Colombia, 1933)

Cuentista y crítico literario; ejerce su profesión de abogado en Bogotá. Trabaja con el Instituto Colombiano de Cultura. Vivió en Moscú, becado por la Universidad Patricio Lumumba (1967-1968). Colabora periódicamente en varias publicaciones colombianas. «La poesía de León de Greiff» hace parte de su libro *Literatura y realidad*, publicado en la Ed. La Oveja Negra, Medellín. Colombia, 1969, pp. 193-217. Es autor, además, del ensayo *Narrativa y neocolonialismo en América Latina* (1973).

CARLOS MONSIVAIS (México, 1938)

Ensayista, periodista, crítico de cine. Obra: *La poesía mexicana del siglo* XX (antología, 1966) y *Días de guardar* (1970). Colabora en las revistas *México en la cultura* y *Universidad de México*. El fragmento incluido en este volumen pertenece al prólogo de *La poesía mexicana del siglo* XX, México, Empresas Editoriales S. A., 1966, pp. 48-53.

ADOLFO PRIETO (Argentina, 1928)

Crítico y profesor universitario. Obras: *La literatura autobiográfica argentina* (1962), *Literatura y subdesarrollo* (1968). Supervisó la edición de *Capítulo*, historia de la literatura argentina. «Una curiosa revista de orientación futurista» apareció en el *Boletín de literaturas hispánicas*, Rosario, Argentina, Universidad Nacional del Litoral, 19661, núm. 3, pp. 23-40. Fue director de esta publicación.

227

BIBLIOGRAFÍA

ALEGRÍA, Fernando, *La literatura chilena del siglo XX*, 2a. ed., Santiago de Chile, Ed. Zig-Zag, 1967.

ANDERSON IMBERT, Enrique, *Literatura hispanoamericana* (II), 4a. ed., Fondo de Cultura Económica, 1964.

ARENAS, Braulio, Prólogo a *Obras completas de Vicente Huidobro*, Santiago de Chile, Ed. Zig-Zag, 1963.

ARROM, José Juan, *Esquema generacional de las letras hispanoamericanas*, Bogotá, Instituto Caro y Cuervo, 1963.

AVILÉS RAMÍREZ, Eduardo, «Auge y decadencia del vanguardismo literario en Cuba», GaLM, 15 de agosto de 1927.

BACIU, Stefan, «O surrealismo, A semana de Arte Moderno do Brasil e a Vanguarda Hispano-Americana», en *Movimientos literarios de vanguardia en Iberoamérica*, Memoria del Undécimo Congreso celebrado en la Universidad de Texas, publicada por la Universidad de Texas, México, pp. 125-134.

BAJARLÍA, Juan-Jacobo, *La polémica Reverdy-Huidobro. Origen del ultraísmo*, Buenos Aires, Ed. Devenir, 1964.

—, *Literatura de vanguardia*, Buenos Aires, Araujo, 1946.

BALLAGAS, Emilio, «Los movimientos literarios de vanguardia», CUAH, 1933, núm. 24.

—, «La poesía nueva», CUAH, septiembre de 1949.

BANDEIRA, Manuel, *Apreçantaçao da poesia brasileira*, Río de Janeiro, Livraria Editora Casa do Estudante do Brasil, 1954.

—, *Panorama de la poesía brasileña*, México, Fondo de Cultura Económica, 1951.

BARY, David, «En torno a las polémicas de vanguardia», en *Movimientos literarios de Vanguardia en Iberoamérica*, Memoria del Undécimo Congreso celebrado en la Universidad de Texas, publicado por la Universidad de Texas, México, 1965, pp. 23-29.

BATTISTESSA, Ángel J., «Breve historia de una revista de vanguardia», VerH, 1942, núm. 2-3, pp. 25-37.

BECK, Vera F., «La revista *Martín Fierro*: rememoración de su XXV aniversario», RHM, 1950.

BOPP, Raúl, *Movimiento Modernista no Brasil* (1922-1928), Río de Janeiro, Livraria Sao José, 1966.

BORGES, Jorge Luis, *Indice de la nueva poesía americana*, México-Buenos Aires, Sociedad de publicaciones El Inca, 1926.

—, *Inquisiciones*, Buenos Aires, Ed. Proa, 1925.

—, «Anatomía de mi "Ultra"», UIM, 20 de mayo de 1921.

—, «Ultraísmo», Nos, diciembre de 1921.

—, «Al margen de la moderna estética», Gres, 31 de enero de 1920.

—, «Casa Elena (hacia una estética del lupanar en España)», UIM, octubre de 1921.

—, *Antología poética argentina*, Buenos Aires, Ed. Sudamericana, Colección Laberinto, 1941.

—, «Harto de los laberintos», MNP, diciembre de 1967, núm. 18, pp. 5-29.

BOTI, Regino E., *Tres temas sobre la nueva poesía*, La Habana, 1928.

BRAGA, Edgar, «Encuesta sobre la literatura brasileña de vanguardia», RCB, diciembre de 1964, núm. 11.

BUENO, Salvador, *Medio siglo de literatura cubana*, La Habana, Comisión Nacional Cubana de la Unesco, 1953.

—, *Historia de la literatura cubana*, La Habana, Editorial del Ministerio de Educación, 1963.

CAILLET-BOIS, Julio, *Antología de la poesía hispanoamericana*, Madrid, Ed. Aguilar, 1958.

CÁNDIDO, Antonio, *Introducción a la literatura del Brasil*, Caracas, Ed. Monte Ávila, 1969.

—, «Estouro e libertaçao», BLB, Livraria Martins Editôra.

CARNER-NOVLET, Emilie, «Sobre Vicente Huidobro», SynBr, 1958, núms. 140-141.

CARRILLA, Emilio, *El vanguardismo en la Argentina*, NorA, diciembre de 1960, n. pp. 51-82.

—, *Estudios de literatura argentina (siglo XX)*, Tucumán, Argentina, Universidad Nacional, 1961.

CHACÓN Y CALVO, José María, *La poesía en 1936* (colección), La Habana, Institución Hispanoamericana de Cultura, 1937.

CRESPO, Ángel, «Introducción breve a Oswald de Andrade», RCB, 1968, núm. 26, pp. 189-223.

DAUSTER, Frank, *Breve historia de la poesía mexicana*, México, Manuales Studium-4, 1956.

—, Ensayo sobre poesía mexicana-asedio a los «Contemporáneos», México, Ed. de Andrea, 1963.

DE CAMPOS, Haroldo, «Estilística miramarina» [sobre *Memorias sentimentales de Joao Miramar*, de Oswald de Andrade], RCB, septiembre de 1968, núm. 26, pp. 261-270.

229

DEL VALLE, Adriano, «Sobre el ultraísmo», GreS, abril de 1919, núm. 12.

DE ONÍS, Federico, *Antología de la poesía española e hispanoamericana*, Madrid, Centro de Estudios Históricos, 1934.

DE ROUX, Dominique, y DE MILLET, Jean, *Jorge Luis Borges*, París, L'Herne, Editorial Gallimard, 1964.

DE TORRE, Guillermo, *Historia de las literaturas de vanguardia*, Madrid, Ed. Guadarrama, 1965.

—, «La polémica del creacionismo: Huidobro y Reverdy», en *Movimientos literarios de vanguardia en Iberoamérica*, Memoria del Undécimo Congreso celebrado en la Universidad de Texas, publicada por la Universidad de Texas, México, 1965, pp. 55-63.

DIEGO, Gerardo, «Poesía y creacionismo de Vicente Huidobro», CuH, 1968, núm. 222, p. 528.

FERREIRA, Joâo Francisco, *Capítulos de literatura hispanoamericana*, Porto Alegre, Brasil, Facultad de Filosofía, 1959.

FERNÁNDEZ DE CASTRO, José A., La poesía moderna en Cuba (1882-1925), Madrid, 1926.

FERNÁNDEZ MORENO, César, *La realidad y los papeles*, Madrid, Aguilar, S. A. de Ediciones, 1967.

—, «Esquema de Borges», CiuA, 1955, núm. 2-3, pp. 11-31.

—, «La prehistoria de Borges», MM, 18 diciembre de 1959.

—, «Girondo entre dos calles de Buenos Aires», CAH, 1967, núm. 42, pp. 143-147.

—, «Distinguir para entender» [entrevista con Leopoldo Marechal], MNP, 1968, núm. 18, pp. 59-64.

—, «Harto de los laberintos» [entrevista con Jorge Luis Borges], MNP, 1968, núm. 18, pp. 5-29.

FERNÁNDEZ RETAMAR, Roberto, *La poesía contemporánea en Cuba* (1927-1953), La Habana, Orígenes, 1954.

—, «Situación actual de la poesía hispanoamericana», en *Papelería*, La Habana, 1962.

FLORIT, Eugenio, «Regreso a la serenidad», en *Homenaje a Enrique José Varona*, La Habana, 1935.

—, «Mariano Brull y la poesía cubana de vanguardia», en *Movimientos literarios de vanguardia en Iberoamérica*, Memoria del Undécimo Congreso celebrado en la Universidad de Texas, publicado por la Universidad de Texas, México, 1965, pp. 55-63.

FOSTER, Merlin, *The Contemporaneos: A major group in mexican vanguardism*. Austin, Texas, University of Texas Studies in Literature and language, 1962, V. III, núm. 4.

GIRONDO, Oliverio, *El periódico Martín Fierro* 1924-1949, Buenos Aires, Francisco A. Colombo, 1949.

GÓMEZ DE LA SERNA, Ramón, «Oliverio Girondo (silueta

total a propósito de su nuevo libro *Interlunio*)», Sur, enero de 1968, pp. 59-71.

—, *Ismos*, Montevideo, Ed. Medina, 1969.

GONZÁLEZ LANUZA, Eduardo, *Los martinfierristas*, Buenos Aires, Ed. Culturales Argentinas, 1961.

GONZÁLEZ RUANO, César, *Veintidós retratos de escritores hispanoamericanos*, Madrid, Cultura Hispánica, 1952.

GUIRAL MORENO, Mario, «Auge y decadencia del vanguardismo literario en Cuba» AnCAL, octubre de 1941, diciembre de 1942, V. XXIII.

HENRÍQUEZ UREÑA, Max, *Panorama histórico de la literatura cubana*, La Habana, Ed. Revolucionaria, 1967.

HENRÍQUEZ UREÑA, Pedro, *Las corrientes literarias en la América Hispánica*, México-Buenos Aires, Fondo de Cultura Económica (1a. ed. en español), 1949.

HIDALGO, Alberto, *Índice de la nueva poesía americana*, México-Buenos Aires, Sociedad de Publicaciones El Inca, 1926.

IBARRA, Néstor, *La nueva poesía argentina; ensayo crítico sobre el ultraísmo*, Buenos Aires, Imprenta Vda. de Molinari, 1930.

ICHASO, Francisco, «Góngora y la nueva poesía», RAH, 30 de mayo de 1927, núm. 6, pp. 127-129.

JIMÉNEZ, Juan Ramón, *La poesía en 1936* (colección), La Habana, Institución Hispanoamericana de Cultura, 1937.

JUNIOR, Peregrino, *O Movimento Modernista*, Río de Janeiro, Os Cuadernos de Cultura, Ministerio do Educaçao e Cultura, 1954.

LARREA, Juan, *Del surrealismo a Macchu Picchu*, México, Ed. Joaquín Fortiz, Serie del Volador, 1965.

LEAL, Luis, «El movimiento estridentista», en *Movimientos literarios de vanguardia en Iberoamérica*, Memoria del Undécimo Congreso celebrado en la Universidad de Texas, publicada por Universidad de Texas, México, 1965, pp. 77-87.

LEIVA, Raúl, *Imagen de la poesía mexicana contemporánea*, México, Centro de Estudios Literarios, Imprenta Universitaria, 1959.

LINH, Enrique, «El lugar de Huidobro», prólogo a *Poesías de Vicente Huidobro*, La Habana, Casa de las Américas, 1968.

LISPECTOR, Clarice, «Literatura de vanguarda no Brasil», en *Movimientos literarios de vanguardia en Iberoamérica*, Memorias del Undécimo Congreso celebrado en la Universidad de Texas, publicada por la Universidad de Texas, México, 1965, pp. 109-116.

LIST-ARZUBIDE, Germán, *El movimiento estridentista*, Jalapa, México, Ed. de Horizonte, 1926.

LIZASO, Félix, *La poesía moderna en Cuba* (1882-1925), Madrid, 1926.

—, «Postales de Cuba, el momento: la vanguardia», GaLM, 10 de agosto de 1927.

—, «Panorama de la cultura cubana», TFM, 1949, núm. 47.

MAÑACH, Jorge, «Vanguardismo», RAH, 1927, núms. 1, 2, 3, a. I, pp. 2-3, 18-20, 42-44.

MARTINS, Wilson, «50 años de literatura brasileña» (Trad. nuestra), en *Panorama das Literaturas das Américas*, Angola, Ediçao do Municipio de Nôva Lisboa, 957, V. I.

—, *A Literatura Brasileira* (V. VI, «O modernismo»), São Paulo, Editora Cultrix, 1965.

MASACCHIO, Danièle, «Le surréalisme dans la poésie Hispano-Américaine», EUROPE, París, noviembre-diciembre de 1968, p. 258.

MASTRONARDI, Carlos, *Formas de la realidad nacional*, Buenos Aires, Ed. Culturales Argentinas, 1961.

MEJÍA DUQUE, Jaime, *Literatura y realidad*, Medellín, Colombia, Ed. La Oveja Negra, 1969.

MONSIVAIS, Carlos, *La poesía mexicana del siglo XX*, México, Empresas Editoriales, S. A., 1966.

MONTES, Hugo, ORLANDI, Julio, *Historia y antología de la literatura chilena*, 5a. ed., Santiago de Chile, Editorial del Pacífico, S. A., 1961.

NOVÁS CALVO, Lino, «Cuba literaria», GaLM, 15 de octubre de 1931.

NUNES, Benedito, «La marcha de las utopías» [sobre *La crisis de la filosofía mesiánica*, de Oswald de Andrade], RCB, septiembre de 1968, núm. 26, pp. 271-277.

OLIVER, María Rosa, «Recuerdo de Mario de Andrade», Sur, abril de 1945, pp. 41-44.

PAZ, Octavio, *Poesía en movimiento*, México, Siglo Veintiuno Editores, S. A., 1966.

PHILLIPS, W. Allen, «Borges y su concepto de la metáfora», en *Movimientos literarios de vanguardia en Iberoamérica*, Memoria del Undécimo Congreso, realizado en la Universidad de Texas, publicada por la Universidad de Texas, México, 1965, pp. 41-53.

PORTANTIERO, Juan Carlos, «La literatura argentina del siglo XX», en *Panorama de la actual literatura latinoamericana*, La Habana, Centro de Investigaciones Literarias de la Casa de las Américas, 1969, pp. 193-210.

PORTUONDO, José Antonio, *Bosquejo histórico de las letras cubanas*, La Habana, Ministerio de Relaciones Exteriores, 1966.

—, *El contenido social de la literatura cubana*, México, Colegio de México, Centro de Estudios Sociales, 1944.

—, *Proceso de la cultura cubana*, La Habana, edición del autor, 1939.

PREVITALI, Giovanni, «Ricardo Güiraldes y el movimiento de vanguardia en la Argentina», en *Movimientos literarios de vanguardia en Iberoamérica*, Memoria del Undécimo Congreso realizado en la Universidad de Texas, publicada por la Universidad de Texas, México, 1965, pp. 31-39.

PRIETO, Adolfo, *Literatura y subdesarrollo*, Buenos Aires, Ed. Biblioteca, 1968.

REMOS, Juan José, *Panorama literario de Cuba en nuestro siglo*, La Habana, Imprenta Cárdenas, 1942.

—, *Historia de la literatura cubana* (III), Habana-Cárdenas, 1945.

ROJAS GARCIDUEÑAS, José, «Estridentismo y Contemporáneo», RUM, 2 de diciembre de 1952, VI, núm. 7, p. 11.

SÁNCHEZ, Luis Alberto, *Historia de la literatura americana*, Santiago de Chile, Ediciones Ercilla, 1937.

SOUZA D., Raymond, «Lino Novás Calvo and the *Revista de Avance*», JIAS, 1968, V. X., núm. 2, pp. 232-243.

TIEMPO, César, *Exposición de la nueva poesía americana*, México-Buenos Aires, Sociedad de Publicaciones El Inca, 1926.

URONDO, Francisco, «La literatura argentina del siglo xx», en *Panorama de la actual literatura latinoamericana*, La Habana, Centro de Investigaciones Literarias de la Casa de las Américas, 1969, pp. 93-210.

VIÑAS, David, *Literatura argentina y realidad política*, Buenos Aires, Jorge Álvarez, Editor, 1964.

VITIER, Cintio, *Lo cubano en la poesía*, La Habana, Universidad de las Villas, 1958.

—, *Cincuenta años de poesía cubana* (1902-1952), La Habana, Ediciones del Cincuentenario, Ministerio de Educación, 1952.

WEISS, Alfredo J., «Los veinticinco años de *Martín Fierro*», Sur, julio-agosto de 1954, núm. 81, pp. 29-42.

YURKIEVICH, Saúl, *Realidad y poesía (Huidobro-Vallejo-Neruda)*, La Plata, Argentina, 1960.

ABREVIATURAS DE PUBLICACIONES PERIÓDICAS CITADAS EN LA BIBLIOGRAFÍA GENERAL

GaLM	*La Gaceta Literaria*, Madrid, España.
CUAH	*Cuadernos de la Universidad del Aire*, La Habana, Cuba.
VerH	*Verbum*, La Habana, Cuba.
RHM	*Revista Hispánica Moderna*, Nueva York, Estados Unidos.
UlM	*ULTRA*, Madrid, España.
Nos	*Nosotros*, Buenos Aires, Argentina.
GreS	*Grecia*, Sevilla, España.
MNP	*Mundo Nuevo*, París, Francia.
RCB	*Revista de la Cultura Brasileña*, Madrid, España.
BLB	*Brigada Ligeira*, São Paulo, Brasil.
SynBr	*Synthèse. Bruxêlles*, Bélgica.
NorA	*Nordeste*, Tucumán, Argentina.
CuH	*Cuadernos Hispanoamericanos*, México.
CiuA	*Ciudad*, Buenos Aires, Argentina.
CAH	*Casa de las Américas*, La Habana, Cuba.
Sur	Revista *Sur*, Buenos Aires, Argentina.
AnACAL	*Anales de la Academia Nacional de Artes y Letras*, La Habana, Cuba.
RAH	*Revista de Avance*, La Habana, Cuba.
TFM	*Tierra Firme*, México.
RUM	*Revista de la Universidad de México.*
JIAS	*Journal of Inter-American Studies*, La Florida, Estados Unidos.

SUMARIO

OTROS TITULOS DE LA SERIE
«CIENCIAS HUMANAS»

AN   Editorial Anagrama
BA   Barral, editores
CD   Cuadernos para el Diálogo
ES   Editorial Estela
FO   Editorial Fontanella
LA   Editorial Laia

LU   Editorial Lumen
PE   Ediciones Península
TU   Tusquets, editor
LB   Editorial Labor
GU   Ediciones Guadarrama